Ich heiße Suleika.
Mein kleines Eselkind heißt Laila . . . .

Ich habe auch einen Mann,
der ist ein schöner, dunkelgrauer Esel und heißt Joram.
Der kommt später dazu.
Wir sind immer mit dabei in den Geschichten in diesem Buch.
Unsere Ur-ur-urgroßeltern
sind mit Abraham durch die Steppe gewandert
und mit Josephs Brüdern nach Ägypten.
Wir waren dabei, als in Bethlehem das Kind Jesus zur Welt kam,
als der barmherzige Samariter nach Jericho wanderte
und Jesus in Jerusalem einritt.
Wir haben viel erlebt, wir Esel, und wenn wir etwas erleben,
dann machen wir uns auch unsere Gedanken.

Jörg Zink

Der Morgen weiß mehr als der Abend

Bibel für Kinder

Mit Bildern
von Hans Deininger

Kreuz Verlag

8 9 10 11 97 96 95

Gestaltung: Hans Hug
ISBN 3 7831 0634 6

Inhalt

Der kleine David und der Mann auf dem Berg

David und sein Freund Joram

Es war ein Junge, der hieß David. Er hatte schwarze Haare und große, dunkle Augen und war ganz braun von der Sonne. Er lief gerne mit den anderen Kindern unten am Hafen umher und sah den Fischern zu. Die fuhren immer abends auf den großen See hinaus, und morgens, wenn die Leute im Dorf aufwachten, kamen sie mit ihren Segelschiffen zurück und luden ihre Fische aus. Da saß David dann auf einem großen Stein an der Hafeneinfahrt und wartete, bis mit den anderen auch sein Vater hereinfuhr und anlegte.

Am Ufer standen schon die Händler mit ihren Eselkarren und fuhren die Fische in Kisten und Eimern auf den Markt. Dort liefen die Frauen aus der Umgebung zusammen und kauften Fische, und es gab immer ein großes Geschrei, bis die Händler und die Frauen einig waren, was die Fische kosten sollten. Das war lustig. „Das ist zu wenig!" riefen die Händler. „Das ist zu teuer", jammerten die Frauen. Und David war dazwischen und schrie: „Das ist zu wenig! Das ist zu teuer!" Aber am Ende waren dann alle ganz zufrieden, wenn die Frauen ihre zwei oder drei Fische im Korb hatten und nach Hause gingen.

Dann kam ein Tag, da war alles ganz anders. Da ging David nicht zu seinen Freunden ans Wasser, sondern ganz allein den Berg hinauf. Mit nackten Füßen lief er über die Wiesen und die Steine hinter dem Dorf auf den Berg, wo ganz oben ein paar Ölbäume standen und ein paar krumme Kiefern. Es war warm, und die Sonne schien, und wenn David sich umschaute, dann sah er unten den großen, wunderbaren See, ganz blau. See Gennesaret hieß man ihn, weil eines der Dörfer unten Gennesaret hieß. Eigentlich hätte man denken müssen, daß David ganz vergnügt war, aber er war traurig, und er lief da hinauf, damit die anderen es nicht sahen, wenn ihm die Tränen übers Gesicht liefen. Er hatte Angst.

Drunten auf dem See war sein Vater ein Fischer gewesen. Immer war er abends ausgefahren, hatte die Nacht über draußen gearbeitet, hatte da seine Netze ausgeworfen und war morgens mit den anderen heimgekommen. Davon lebten sie, die Mutter und die Geschwister. Aber vor ein paar Tagen war mitten in der Nacht ein Sturm über die Schiffe hereingebrochen, und am Morgen war der Vater nicht dabei, als die anderen heimkamen. Am Hafen standen die Leute und redeten aufgeregt durcheinander. Eins der Schiffe war in den Wellen untergegangen, und die Fischer waren ertrunken. Einer von denen, die nicht mehr heimkamen, war Davids Vater.

Nun ist die Mutter allein, dachte er. Allein mit fünf Kindern. Und ich bin der Älteste. Wer soll jetzt ausfahren und Fische heimbringen? Das kann nur ich sein. Ich muß also zu einem von den Fischern hingehen und fragen: Darf ich mit dir fahren? Und dabei war er doch erst zehn Jahre alt und für einen Fischer viel zu klein. Aber wer wollte das schon wissen?

Er hatte Angst. Er mochte viele von den Männern nicht, die da auf dem See fuhren. Manche waren grob und hart und unfreundlich. Nein, er wollte überhaupt nicht. Er wollte nichts mehr sehen von den Booten, die im Hafen lagen. Er wollte allein sein. Und am liebsten würde er jetzt davonlaufen. Nie mehr heimgehen. Weit fort wollte er gehen, irgendwohin, wo es keine Schiffe gab. Er blieb stehen und sah hinunter auf das Dorf und das Wasser, dann verbiß er seine Tränen, so gut er konnte, drehte sich um und lief weiter den Berg hinauf.

Von ferne sah er einen Esel stehen. Der war mit einem Strick an einem Baum angebunden. Das ist doch Joram! dachte er und ging zu ihm hin. „Hallo, Joram!" Der Esel drehte langsam den Kopf mit den langen Ohren herum und bewegte ein bißchen den langen Schwanz zur Begrüßung.

David kannte den Esel gut. Er gehörte ins Dorf. Er war ein guter und starker Esel. Er konnte viel tragen. Und wenn er einmal stehen blieb und nicht gehen wollte, dann hatte er meistens recht. Dann hatten sie ihm zu viel aufgeladen. Wenn man dann etwas von der Last herunternahm, ging er ganz willig auf den langen, staubigen Straßen von einem Dorf zum anderen.

Manchmal sah Joram aus, als wenn er viel nachzudenken hätte. Esel erleben viel. Sie kommen weit herum. Sie sehen, was die Menschen tun, und hören, was sie reden. Und dann muß ein Esel nachdenken. Die Esel, dachte David, denken wahrscheinlich viel mehr als wir meinen, und man kann ihnen viel erzählen.

„Hallo, Joram!" sagte David noch einmal. „Was machst du hier?" Er griff dem Esel in seinen borstigen Schopf, der ihm über die Augen herunterhing, und klapste ihm den Hals. Das mochte der Esel gern. Und als der Junge ganz nah neben ihm stand, merkte Joram, daß mit David etwas los war, und er sah, daß David geweint hatte. Da rieb er seinen großen, schweren Kopf an ihm auf und ab, als wollte er sagen: „Guten Tag! Schön, daß du kommst." David fragte ihn: „Was machst du denn hier oben?" Da drehte Joram den Kopf ein bißchen gegen den Berg hin, als wollte er sagen: „Da hinauf ist er gegangen, mein Herr!"

Joram war ein sehr nachdenklicher Esel. Immer, wenn er etwas erlebte, das er nicht so ganz verstand, dachte er an seinen Großvater. Der pflegte zu sagen: „Kein Esel ist so dumm, daß er nicht etwas Gescheites denken könnte." Und wenn der Großvater an einen Baum angebunden wurde, wie er selber jetzt eben – und das gefiel ihm gar nicht –, dann bewegte er seinen Kopf hin und her und sagte: „Wo ein Esel angebunden ist, da muß er grasen." Ja, so war das. Der Großvater war ein kluger Esel gewesen. Und das Wort, daß ein Esel eben da grasen muß, wo er angebunden ist, fiel Joram ein, als David fragte: Was machst du denn hier oben? Er bewegte den Kopf hin und her, wie sein Großvater es immer gemacht hatte, und zeigte wieder mit dem Maul den Berg hinauf, als wollte er sagen: „Schau hinauf! Da sind noch mehr Leute. Und mich hat er hier angebunden."

Da sah David, daß ganz oben auf einer großen, bunten Wiese viele Leute standen, und wurde neugierig. „Komm! Wir schauen, was da los ist", sagte er und band den Esel los. Und Joram bummelte mit dem Jungen hinauf, bis sie alles genau sehen konnten.

Die Leute, die da saßen, das merkte David gleich, kamen alle aus den Dörfern in der Umgebung. Er kannte die meisten davon. Es waren Fischer dabei und ihre Frauen, Bauern, Schafhirten. Ein paar Kinder. Und ein paar alte Leute. Aber den einen kannte er nicht. Der stand vor den Leuten und redete, und sie hörten ihm zu.

David band den Esel an einen Baum und setzte sich in den Schatten, so daß er hören konnte, was der Mann sagte. Und auch Joram schaute zu ihm hinüber; den Kopf hielt er ein wenig gesenkt, und die Ohren waren steil aufgestellt. Wozu hat man als Esel auch so große Ohren? Damit man besser hört als die anderen Leute. Er suchte mit dem Maul im Gras herum und fraß ein wenig, aber vor allem hörte er zu.

Der Mann mit den roten Blumen

Da sah David, wie der Mann sich bückte und ins Gras griff. Das war voll von großen, roten Blumen, dem roten Mohn. Und er pflückte ein paar davon und nahm sie in die Hand, hob sie hoch, so daß alle sie sehen konnten, und sagte:

„Habt ihr diese Blumen schon einmal genau angesehen? Natürlich, das sind nur Blumen. Sie blühen ein paar Tage, dann welken sie. Oder sie werden abgemäht, und die Esel haben ihr Futter daran. Aber habt ihr sie einmal angesehen? Wie schön sie sind! Man sagt, der König Salomo habe wunderbare Gewänder getragen, einen roten Rock und einen goldenen Mantel, weil er so reich war.

Aber wenn ihr genau hinschaut, dann seht ihr: So schön wie diese roten Blumen können die Menschen auch einen König nicht anziehen. Was für ein Künstler muß sie gemacht haben! Dabei sind es nur Blumen. Meint ihr nicht, daß Gott, euer Vater im Himmel, der diese Blumen so schön gemacht hat, auch euch sieht? Daß er eure Sorgen kennt und weiß, daß ihr

Angst habt? Meint ihr nicht, er könne euch helfen?"

Und dann sah der Mann in die Zweige hinauf, die über ihm waren, wo ein paar Spatzen kreischten, und sagte: „Seht doch die Spatzen an! Was sind sie schon wert? Kaum einen Pfennig. Und was tun sie? Sie sitzen nicht mit traurigen Gesichtern da und machen sich Sorgen, sondern suchen sich ihr Futter und leben ganz vergnügt. Gott hat es so eingerichtet, daß sie ihr Futter finden. Jeder von euch ist aber viel mehr wert als alle diese Spatzen zusammen. Keiner von denen fällt von einem Ast herunter, ohne daß euer Vater im Himmel es will. Meint ihr nicht, daß er auch euch sieht? Daß er eure Sorgen kennt? Meint ihr nicht, wir könnten ihm vertrauen?"

Und dann ging der Mann durch die Reihen der Leute, die im Gras lagerten, und sah jeden einzeln an. „Ich weiß", sagte er, „daß jeder von euch Sorgen hat. Ich weiß, es ist schwer für euch. Ich weiß, was Armsein heißt und wie der Hunger schmeckt. Ich weiß, wie es ist, wenn man kein Haus hat. Ich habe selbst keines. Ich habe keine Familie.

Jeder Fuchs hat eine Höhle. In der verkriecht er sich, wenn er Angst hat oder müde ist. Und jeder Fuchs hat einen anderen Fuchs bei sich, der zu ihm gehört. Jeder Vogel hat sein Nest an einem Haus oder auf einem Baum. Jeder Vogel weiß, wohin er gehört. Jeder Vogel findet sein Futter.

Aber viele von euch wissen nicht, was sie essen sollen. Und ich selber weiß es oft auch nicht. Ich weiß abends nicht einmal, wo ich bleiben soll, wenn es dunkel wird. Und unter euch sind viele, die nicht wissen, was sie morgen ihren Kindern zu essen geben sollen. Sie haben Angst, wenn sie an morgen denken.

Ihr seid natürlich keine Blumen und keine Vögel. Ihr seid Menschen. Ihr müßt arbeiten. Das müssen die Blumen nicht. Aber ihr könnt arbeiten und dabei wissen, daß Gott eure Sorgen kennt. Ihr könnt vertrauen und denken: Gott wird mir helfen."

Und der Junge sah, wie einige von den Leuten fast schon ein bißchen fröhlicher aussahen.

Da merkte David, daß der Mann zu ihm herübersah und ihm ins Gesicht schaute, so, als wüßte er, was ihm Kummer machte. Ja, Angst hatte er. Angst vor morgen. Und es fiel ihm wieder ein, warum er allein auf den Berg gelaufen war: Da war ja seine Mutter unten in ihrem Lehmhaus mit den kleinen Geschwistern. Die wollte, daß er mit seinen zehn Jahren mit den Fischern auf den See fahren und Fische heimbringen sollte, als wäre er der Vater. Und als ihm das einfiel, nahm er den Kopf Jorams fest in den Arm, weil er dann jemand hatte, der zu ihm hielt.

„Euer Vater im Himmel", so sagte

der Fremde, „weiß, was ihr braucht. Er hat euch das Leben gegeben. Er hat euch die Erde gegeben und alles, was auf ihr wächst. Diesen See mit seinen Fischen. Diese Bäume mit ihren Feigen und Bananen und Datteln. Sich freuen und dankbar sein ist besser, als sich von Angst und Sorgen zu Boden drükken lassen."

Und der Mann zeigte ihnen noch einmal eine Blume und sagte: „Ihr müßt nicht nur die Blume anschauen; ihr müßt durch sie hindurchsehen. Dann seht ihr die Hand, die sie geschaffen hat. Ihr müßt nicht nur die Bäume und die Vögel anschauen, sondern in ihnen die Hand eures Vaters im Himmel sehen, der in ihnen lebt und sie lebendig macht."

Da rief einer der Männer dazwischen: „Das ist aber schwer, sich keine Sorgen zu machen." „Nein", sagte der Mann. „Nein, es ist nicht schwer. Nichts macht euch das Herz so leicht, wie wenn ihr eurem Vater im Himmel vertraut. Ich bin nicht gekommen, damit das Leben für euch noch schwerer wird. Ihr sollt aufatmen können und fröhlich sein."

Da rieb der Esel Joram seinen Kopf an Davids Arm und drückte sein warmes, weiches Maul an ihn, als wollte er ihm etwas sagen; und der Junge verstand es auch. Joram wollte sagen: „Das hat er eigentlich für dich gesagt! Du sollst dir keine Sorgen machen. Du sollst zu den Fischern gehen und arbeiten und deinem Vater im Himmel vertrauen. Er wird dir die Fische schikken, die du brauchst, und er wird dir helfen, daß alles gut geht mit deiner Mutter und deinen kleinen Geschwistern."

„Wenn man das glauben könnte", dachte der Junge, „dann brauchte man nicht wegzulaufen." Und er spürte, wie der Esel wieder seinen Kopf an ihm rieb, als wollte er sagen: „Glaub es. Es ist wahr. Der Mann hat recht."

Und David dachte daran, daß vor ein paar Tagen der Lehrer unten im Dorf in der Synagoge erzählt hatte, ganz am Anfang, als noch nichts war, da habe Gott die Welt geschaffen, die Sterne und das Land und den See, die Bäume und die Tiere und die Menschen, und am Ende habe Gott gesagt: Es ist alles gut. Vielleicht ist es wirklich alles gut, und ich kann es nur noch nicht verstehen.

Raffael, der Fischer

Dann standen die Leute auf, und manche gingen weg. Andere blieben stehen und redeten miteinander. Einer fragte: „Wer ist das eigentlich?" Und David hörte, wie eine Frau sagte: „Das ist Jesus. Er stammt aus Nazaret."

Aber da erschrak David, denn der Mann Jesus kam geradewegs auf ihn zu, gab ihm die Hand und sagte: „Das gilt auch dir, mein Junge. Wie heißt du?" „David!" Und Jesus legte ihm

die Hand auf den Kopf und sagte: „Gott segne dich, David!“

Er nickte ihm zu, drehte sich um und ging allein den Weg zum Dorf hinunter; und die Leute zerstreuten sich. Es war Mittag, und sie wollten nach Hause gehen.

Da kam auch der Mann, dem der Esel Joram gehörte. Er war von den Fischern und hieß Raffael. David kannte ihn gut. „Das ist schön, daß du ihn mit hergebracht hast“, sagte er zu David. „Das müssen nicht nur die Menschen hören. Die Esel haben auch ihre Last.“ Und während der Junge den Strick vom Baum löste, dachte Joram:

Mein Großvater Mirko pflegte zu sagen: „Man muß ein Esel sein, um zu wissen, wo den Esel der Sattel drückt.“ Aber ich glaube, die Menschen können es auch wissen, wenn sie ein bißchen nachdenken und ein Herz für uns haben.

Als David dann dem Fischer den Strick in die Hand gab, sagte Raffael: „Du wirst wohl auch nach Hause gehen? Komm, wir gehen miteinander." Und während sie über das rauhe Gras und die weißen Steine ins Dorf hinuntergingen, meinte Raffael: „Ich höre, daß du jetzt deine Familie versorgen mußt. Du kannst zu mir auf mein Schiff kommen und bei mir arbeiten, und ich will dafür sorgen, daß du deiner Mutter immer so viel heimbringen kannst, wie sie braucht. Und wenn du Sorgen hast, dann sag mir's. Komm heute abend, wenn wir ausfahren."

Joram, der Esel, ging still nebenher und hatte die Ohren steil aufgestellt, damit er alles verstehen konnte. Und er dachte: Ich bin ja nur ein Esel und weiß nicht viel. Aber das hat Jesus da oben wahrscheinlich auch gemeint, daß wir füreinander sorgen sollen.

Was hätte mein Großvater da gesagt? Ach ja. Er hätte gesagt: „Wir Esel müssen zusammenhalten. Jeder hat Stellen, an denen er sich nicht selber kratzen kann."

David atmete tief und sah zu dem Mann auf, der da neben ihm den Hang hinunterging, und strahlte. Fast war er schon wieder so fröhlich, wie er sonst immer gewesen war. Am Abend, als Raffael zu seinem Boot ging, stand David schon daneben und wartete auf ihn. Und von da an fuhren Raffael und David miteinander aus, und David blieb so lange bei ihm auf dem Schiff, bis er selbst ein richtiger Fischer war.

Wie alles angefangen hat

Woher die Welt kommt

Als David am anderen Tag unten im Hafen saß und die Füße ins Wasser baumeln ließ, dachte er an den Mann, den er auf dem Berg gesehen hatte. Der hatte gesagt: „Diesen See hat Gott geschaffen mit allen seinen Fischen." Das ist sicher wahr, dachte David. Das hat der Lehrer in der Synagoge auch gesagt. Der hat uns eine Geschichte erzählt, die fing so an:

Am Anfang, ganz am Anfang, war gar nichts. Die Erde war noch nicht da. Der blaue Himmel war noch nicht da. Nichts war da. Kein Haus, kein Tier, kein Mensch. Es gab keine Sonne und keinen Mond und keinen Stern. Es war alles ganz leer und ganz finster. Es gab nichts zu sehen und nichts zu hören. Es war alles ganz still. Nichts rührte sich.

Nur Gott war da. Das war der Anfang. Und Gott dachte: „Ich will Licht machen. Es soll hell sein." Und er sprach: „Licht soll sein!" Und weil er es sagte, wurde es hell. Gott braucht nur etwas zu sagen, dann wird es so. Aber außer dem Licht war noch nichts da. Und Gott nannte das Licht „Tag", die Dunkelheit „Nacht". Das war der erste Tag.

Und Gott sagte: „Die Erde soll unten sein und der Himmel oben. Und zwischen Erde und Himmel soll die Luft sein mit dem Wind und den Wolken." Und es wurde so. Der Wind fing an zu blasen, und die Wolken zogen über die Erde hin. Das war der zweite Tag.

Und Gott sprach weiter: „Auf der Erde soll festes Land sein mit Bergen und Tälern. Um das Land her soll das Meer brausen mit seinen großen Wellen." Und so entstanden die Gebirge und die Seen und die Flüsse. Die Wolken regneten, und in den Tälern sprudelten die Quellen.

Dann sprach Gott: „Auf der festen Erde soll Gras sein, Blumen sollen blühen, Kraut und Büsche und Bäume sollen wachsen, und an den Bäumen sollen Äpfel und Birnen und Bananen reifen." Und Gott schaute sich alles an und sagte: „So ist es gut." Das war der dritte Tag.

Und Gott schaute den Himmel an und sagte: „Hier sollen die Sterne leuchten, viele Sterne. Und der Mond soll über den Himmel wandern, und vor allem: eine große, helle Sonne." Als sie alle da waren, sah er ihnen zu, wie sie wanderten, und sagte: „Das ist gut." Das war der vierte Tag.

Dann schaute Gott das Meer an und die Wolken und sagte: „Hier sollen Tiere leben. In den Bächen und Seen und im großen Meer sollen Fische schwimmen. Und zwischen der Erde und den Wolken sollen Vögel fliegen und Bienen und Schmetterlinge in vielen Farben, und jedes soll etwas Besonderes sein. Sie sollen miteinander leben und Kinder bekommen, so daß sie immer mehr werden." Und als es im Wasser und in der Luft lebendig war, freute er sich an den bunten Tieren und sagte: „So ist es gut." Das war der fünfte Tag.

Gott sah die Erde an, die Berge und die Wüste und die Wälder und sagte: „Auch hier soll es lebendig werden. Hier sollen die Löwen und die Elefanten, die Hasen und die Eichhörnchen und viele andere leben. Manche mit einem festen Panzer wie die Schildkröten und andere mit einem weichen Fell wie die Katzen." Und es wurde lebendig auf dem Gebirge und im Tal, auf den Wiesen und im Wald.

Nur eins fehlte noch. Als Gott alles anschaute, sagte er: „Nun fehlt nur noch ein Wesen, das sich an allem freuen kann wie ich, das alles sieht und dafür sorgt, daß alle Tiere und Pflanzen miteinander leben können. Mir fehlt noch ein Wesen, das nachdenken kann wie ich und neue Dinge schaffen wie ich selbst. Ich will den Menschen erschaffen. Der soll ein Freund der Tiere sein und ein Gärtner für die Pflanzen. Er soll Getreide auf die Felder säen und es ernten, Häuser bauen und viele Dinge erfinden. Er soll schreiben können und Lieder singen und Bilder malen und sich an allem freuen, was um ihn her lebt."

Und Gott machte aus Erde einen Mann und eine Frau. Den Mann nannte er Adam. Das Wort heißt auf deutsch: Einer, der aus Erde gemacht ist. Die Frau nannte er Eva. Das Wort Eva heißt: Lebendig! Und als sie beide dastanden und einander sahen, da waren sie glücklich. Adam sagte: „Ich habe eine Frau! Wie schön ist sie!" Und Eva sagte: „Ich habe einen Mann! Wie schön!" Und sie blieben beieinander. So wollte es Gott.

Und Gott sagte zu ihnen: „Ich will euch Kinder geben, und euren Kindern wieder Kinder, und so sollen zuletzt viele Menschen sein. Die sollen alle ihren Platz haben auf der Erde und im Frieden miteinander leben. Manche sollen schwarz sein, manche weiß, manche gelb und manche rot. Und sie sollen alle meine Kinder sein." Und Gott sah die Menschen an und sagte: „So sind sie gut." Das war der sechste Tag.

Wenn Adam und Eva ganz still waren, konnten sie hören, wie Gott zu ihnen sprach. Wenn sie über die Wiesen und unter den Bäumen gingen, konnten sie hören, wie Gott ganz leise zu ihnen sagte: „Seht ihr alle die Vögel? Seht ihr die großen Tiere und die kleinen? Sorgt dafür, daß sie alle leben können. Es soll keines überhandnehmen, und keines soll ausgerottet werden. Ihr sollt an alle denken und sollt Ordnung halten in dem Garten, daß er nicht verwildert. Pflanzen und Unkraut jäten. Ernten und säen."

Und sie sagten zueinander: „Wir sollen auf diese Erde achten. Denn sie gehört Gott. Sie gehört allen lebendigen Wesen gemeinsam. Sie gehört auch uns, wir sollen auf ihr leben, arbeiten und glücklich sein und Gott im-

mer wieder dafür danken, daß er uns das Leben gegeben hat."

Als Gott alles geschaffen hatte, ging er über den Himmel durch die vielen, vielen Sterne und über das Meer und über die Berge und durch die Wälder und betrachtete alles, was er gemacht hatte. Dann ruhte er von seiner Arbeit. Zu den Menschen sagte er: „Es ist nicht gut, wenn ihr jeden Tag arbeitet. Ihr müßt auch ruhen und nachdenken und euch miteinander freuen. Deshalb sollt ihr nach sechs Tagen immer einen Tag haben, an dem ihr Ruhe habt. Da will ich zu euch reden, und ihr könnt mir antworten und dabei verstehen, daß ich da bin und euch sehe und für euch sorge." Das war der siebte Tag.

Während David so dasaß, sah er, wie der Esel Joram die Gasse zum Hafen heruntertrottete und dem Boot von Raffael zusteuerte. Er sprang auf und lief zu ihm hinüber: „Guten Abend, Joram! Fein, daß du kommst, wir müssen bald ausfahren." Und während er ihm seinen struppigen Schopf kraulte, fragte er ihn: „Weißt du auch noch etwas von dem, was Jesus gesagt hat? Hat dir dein Großvater auch erzählt, wie die Welt entstanden ist?"

Und Joram dachte: „Ja, mein Großvater hat mir da etwas erzählt. Was war das nur? Ach ja. Ich weiß. Es muß sehr lange her sein, da machte Gott für die Menschen und für die Tiere einen wunderbaren Garten. Da war ein Mann namens Adam. Der ging zu allen Tieren und sagte ihnen guten Tag und gab ihnen allen einen Namen. Zu mir sagte er: Du sollst Esel heißen. Zu den anderen sagte er: Du sollst Löwe heißen. Und du: Fuchs. Und du: Amsel. Und du: Wurm. Und du: Käfer.

Wenn mein Großvater davon redete, dann sagte er immer: Das weiß ich vom Urgroßesel. Der wußte fast alles. Er hat gesagt: Ein Esel soll nichts anderes sein wollen als ein Esel. So hat ihn Gott gewollt. Und der Urgroßesel mußte es wissen.

Damals muß die Welt ein schöner Garten gewesen sein. Wir hatten eine große Wiese für uns und mußten noch gar nicht arbeiten. Wir mußten keine Säcke tragen und wurden auch nicht geschlagen. Es ist nicht mehr so schön wie damals im Paradies."

Und weil David den Esel Joram gern mochte wie einen richtigen Freund, konnte er auch verstehen, was Joram dachte, und sagte zu ihm: „Weißt du, ich glaube, einmal wird die Welt wieder so, wie sie am Anfang war. Wie das zugeht, weiß ich auch nicht. Aber ich glaube, der Mann, dem wir gestern zugehört haben auf dem Berg droben, der weiß es. Den müssen wir einmal fragen."

Die Nacht von Bethlehem

Als David schon ein richtiger kleiner Fischer war – es war wohl etwa ein Jahr später –, da fuhr er eines Abends wieder mit Raffael hinaus auf den See. Die beiden saßen in ihrem Boot und ließen sich hinaustreiben. Es war nur ein ganz leichter Wind, der vom Ufer herkam, und das Schiff lief wie von selbst in die richtige Richtung.

Da fragte David den Fischer: „Es gibt Leute, die sagen: Jesus kommt aus Nazaret. Andere sagen: Er kommt aus Betlehem. Er kann doch nicht aus zwei Dörfern kommen! Was ist wahr?"

Raffael schwieg eine Weile, dann sagte er: „Das ist eine seltsame Geschichte. Die will ich dir gern erzählen. Aber es ist keine Geschichte wie andere. Man muß da viel mit dem Herzen sehen, was man mit den Augen nicht sieht. Man muß da Augen haben, die sehen, was Gott tut. Wenn man die Augen nicht hat, dann versteht man nichts, und die Geschichte hat keinen Sinn." Er schwieg wieder und sagte dann: „Laß uns erst das Netz auslegen."

Sie zogen das Netz aus dem Bauch des Schiffes und warfen das Ende ins Wasser, dann fuhren sie einen weiten Bogen und warfen immer mehr von dem Netz aus dem Schiff, bis es wie ein großer Kreis im Wasser lag, und sie sahen nur noch die Holzklötze, die auf dem Wasser schwammen und an denen das Netz hing. Als es dunkel wurde, zündete Raffael eine Lampe an und hängte sie außen ans Schiff, damit die Fische kommen sollten. Dann warteten sie, bis sie das Netz wieder einholen könnten. Und Raffael fing an zu erzählen.

„Weißt du", so fing er an, „weißt du, was ein Engel ist?" „Ein Engel?" fragte David. „Nein. Ich habe noch keinen gesehen." Und Raffael redete weiter: „Es gibt viele Menschen, die mehr sehen als nur das Wasser und das Holz an unserem Boot und die Sterne über uns am Himmel. Manche sehen plötzlich ein Licht und wissen: Das ist von Gott. Das ist ein Zeichen. Da soll ich etwas merken. Und dann sagen sie: Gott hat mir etwas gezeigt. Und das Licht – das war ein Engel.

Manche hören eine Stimme und wissen: Das kommt von Gott. Da spricht einer, und was er sagt, das geht mich an. Und dann sagen sie: Gott hat mir etwas gesagt. Durch eine Stimme. Durch einen Engel.

Viele Leute sagen: Es gibt keine Engel. Andere sagen: Es gibt Engel. Aber so kann man nicht reden. Sondern man muß fragen: Wie muß ich werden, damit Gott mit mir reden kann und damit ich einen Engel höre?

Manche Menschen sind so, daß ein Engel mit ihnen sprechen kann. Sie haben ein feineres Gehör als andere. Die Mutter von Jesus war ein solcher

Mensch. Maria hieß sie. Sie wohnte droben in Nazaret.

Dort oben leben sie nicht nur in Häusern wie hier, sondern auch in Erdhöhlen. Da siehst du ein Lehmhaus, aber innen geht eine Treppe in die Erde hinunter, und du kommst in eine Höhle. Dort lebte sie. Ihr Mann hieß Joseph. Sie war noch ein junges Mädchen, und sie tat, was alle Mädchen und Frauen tun. Sie hielt ihr Haus in Ordnung, sie holte Wasser am Brunnen und machte alle die Arbeiten, die die Frauen in diesem armen Dorf tun. Die Leute sind ja viel ärmer als wir auf den Bergen droben.

Und eines Tages, als sie allein zu Hause war, in ihrer Höhle, da hörte sie eine Stimme. Sie erschrak und wußte: Das ist von Gott! Und sie hörte sagen: ‚Maria! Hör zu! Du wirst einen Sohn haben, der ist nicht wie andere Kinder. Gott wird ihm einen großen Auftrag geben, so daß er vielen Menschen helfen kann.' Und Maria sagte: ‚Ich habe gehört, was du sagst. Was Gott will, ist gut.' Ganz einfach so sagte sie. So war sie. Ganz einfach und sehr aufmerksam.

Maria sagte niemand etwas davon, und es hätte alles gehen können, wie es immer geht, wenn eine Frau ein Kind bekommt. Sie hätte zu Hause ihrem Kind ein Bettchen machen können und es zur Welt bringen und für es sorgen wie andere Frauen auch. Aber da kam etwas dazwischen.

Eines Tages kam Joseph von der Arbeit nach Hause, blieb an der Tür stehen und sagte nichts. ‚Was ist?' fragte Maria. ‚Etwas Furchtbares', antwortete Joseph. ‚Wir müssen unsere Sachen zusammenpacken und nach Betlehem gehen. Wer weiß, wie lang das dauern wird!' Maria erschrak: ‚Das kann ich doch gar nicht. Unser Kind kommt doch in ein paar Tagen!' ‚Wir müssen', sagte Joseph. ‚Der Kaiser hat befohlen, daß alle Leute, die irgendwo noch einen Acker besitzen, dorthin gehen, wo ihr Besitz ist, und ihn auf dem Rathaus anmelden. Und dann muß jeder zahlen. Es ist eine Steuer. Meine Familie hat Felder in Betlehem. Aber wir können ja nicht reisen. Dein Kind! Wir können auch nicht zahlen. Was haben wir schon? Aber wir müssen.' Da sagte Maria leise: ‚Ich glaube, daß Gott es will.'

Und so luden sie einen Wassersack auf ihre Eselin und Brot und eine Wolldecke zum Schlafen. Sie verschlossen den Eingang zu ihrer Höhle und wanderten nach Betlehem.

Das ist ein weiter Weg. Man wandert acht Tage lang oder zehn. Und weil Maria auf ihr Kind achten mußte, brauchten sie noch viel länger. Eines Abends, als sie müde waren von einem langen Tag, sagte Joseph: ‚Dort, wo die Lichter sind, da muß Betlehem sein.' Als sie an die Häuser kamen, sahen sie, daß die Straßen voll Menschen waren und daß viele sich am Weg zum Schlafen niedergelegt hatten, weil sie keine Unterkunft fanden. Joseph suchte ein Gasthaus und fragte überall: ‚Wo können wir übernachten?' Aber es war alles besetzt. ‚Tut mir leid', sagte der Wirt immer. ‚Ich habe keinen Platz mehr.' Und so standen Maria und Joseph auf der Straße; es war eine Nacht wie heute. Die Sterne standen über ihnen, und als sie auf der anderen Seite von Betlehem ankamen, war die Straße dunkel, und sie wußten nicht, wo sie bleiben sollten."

Hier unterbrach der Fischer seine Geschichte. „Ich glaube, jetzt können wir einholen, es wird lebendig im Netz!" Raffael und David zogen das Netz ins Schiff, und es waren viele Fische darin. „Laß das Segel herunter", rief Raffael, und David ließ die Seile los, so daß das Segel aufging und der Wind hineinblies. Und so fuhren sie durch die Nacht nach Hause. „Ich erzähle dir ein andermal weiter", sagte Raffael, während er am Ruder saß und auf den Wind achtete. Und David dachte über die Geschichte nach, bis sie im Hafen waren, das Boot anlegten und die Fische ausluden. „Wie ging es weiter?" fragte David. „Du mußt jetzt nach Hause. Morgen vielleicht! Übrigens: Die Eselin, die mir Jesus vor ein paar Wochen in Pflege gegeben hat, die hat früher Maria gehört. Jetzt ist sie bei mir, und wenn Jesus sie braucht, holt er sie." Und Raffael gab David die Hand und sagte: „Gute Nacht! Bis morgen!"

David ging vom Hafen die Gasse hinauf. Dort stand ein Karren und davor ein Esel. Es war Suleika, die da geduldig auf der Straße stand und wartete, bis sie lostraben sollte. „Hallo, Suleika", sagte David und kraulte sie. „Weißt du das noch, wie das damals war, als du mit Maria und Joseph nach Betlehem getrabt bist?" Und Suleika bewegte die Ohren hin und her. Das machte sie immer, wenn sie etwas erzählen wollte. Und wer ihre Sprache verstand, konnte hören, was ihr alles einfiel:

„O ja, das weiß ich noch ganz genau", erzählte sie. „Einen Wassersack haben sie mir aufgeladen und einen Sack Heu und noch ein paar Sachen. Und ich habe auch gesehen, daß Maria bald ein Kind bekommen würde. Das sieht man ja nicht nur bei uns, sondern auch bei den Menschen.

Und ich dachte mir: Das darf man doch nicht! Eine Frau, die ein Kind erwartet, auf eine so lange Reise schikken! Und ich habe mir vorgenommen, ganz vorsichtig zu gehen auf den steinigen Wegen, damit Maria ganz sicher auf mir sitzt.

Ich bin immer neben dem Weg gegangen, wo der Boden nicht so hart ist. Es ging ja auch alles gut. Aber als wir nach Betlehem kamen, da schliefen die Leute an der Straße, weil kein Platz in den Gasthäusern war. Zuletzt standen wir auf einem Feld bei Betlehem. Da kam ein Mann vorbei. Den fragte Joseph: ‚Weißt du nicht einen

Platz für uns, wo wir übernachten können?' Da sagte der: ‚Ja, dort drüben habe ich eine Höhle für mein Vieh. Da könnt ihr bleiben.' Joseph und Maria bedankten sich und gingen zu der Höhle hinüber.

Als wir hineinkamen, waren ein paar Schafe da und ein Ochse. Joseph band mich neben dem Ochsen an der Futterkrippe fest. Das kannst du heute noch sehen. Auf allen Bildern, die man an Weihnachten anschaut, sind immer ein Ochse und ein Esel dabei.

Und in der Nacht kam noch das Kind. Maria wickelte es in ein Tuch und legte es in den Futterkasten, weil dort so schönes Heu lag. Aber ich konnte es kaum sehen, weil es so dunkel war.

Plötzlich kamen Schritte, und ein paar Männer polterten durch den Eingang herein. Also, ich muß sagen, das waren keine vornehmen Herren, die da vor uns standen. Rauhe, schmutzige Kerle waren das! Ich dachte mir: Wenn die nur das Kind nicht aufwekken! Und wenn sie es nur nicht anfassen mit ihren großen, groben Händen. Aber sie waren ganz freundlich, blieben am Eingang stehen und machten große Augen. Dann stotterten sie etwas von einem Engel und von einem göttlichen Kind, und daß Gott den Menschen durch dieses Kind Frieden bringen wolle. Ich glaube, sie haben selber nicht ganz verstanden, was sie da erzählten, aber sie waren ganz begeistert, und es war ihnen schrecklich wichtig. Maria begrüßte sie freundlich und zeigte ihnen das Kind. Da waren sie ganz still. Und nach einer Weile gingen sie auf den Zehenspitzen wieder hinaus in die Nacht."

Wieder war es Abend am See Genesaret, und David fuhr mit Raffael hinaus. „Wie ging die Geschichte weiter?" fragte David. „Die Geschichte von Joseph und Maria und dem Kind?" Und Raffael erzählte die gleiche Geschichte, die schon Suleika eingefallen war:

„Ja, das war so. Maria und Joseph fanden schließlich einen Platz in einer Viehhöhle, und dort kam in der Nacht das Kind zur Welt.

Draußen auf dem Feld hatten die Hirten am Abend ihre Schafe in die Gatter getrieben, und als es Nacht wurde, legten sie sich irgendwo in der Nähe der Tiere in den Sand zum Schlafen. Was dann geschah, das kann nur der verstehen, der weiß, was ein Engel ist. Mitten in der Nacht wachten sie auf und erschraken. Irgend etwas war über ihnen am Himmel. Vielleicht ein Licht. Vielleicht eine Helligkeit wie ein Blitz. Und dann hörten sie: Fürchtet euch nicht! Ich habe ein Wort von Gott für euch: Geht nach Betlehem. Dort ist in dieser Nacht der Christus geboren, der Helfer und Retter, der von Gott kommt. Geht, seht euch das Kind an. Es liegt in einem Futtertrog in einer Höhle.

Und dann hörten sie etwas wie Musik und hörten, wie gesungen wurde:

Freut euch an Gott droben im Himmel.
Freut euch an Gott unten auf der Erde.
Denn es soll Friede sein,
und Gott will den Menschen
Freude machen,
denen, die er liebt.

Und dann war alles dunkel und still, und die Hirten wußten nicht, was das gewesen war. Aber einer sagte: ‚Auf, wir gehen hin! Wir sehen nach, was da geschehen ist!' Und sie ließen ihre Schafe auf der Weide und liefen nach Betlehem und fanden das Kind und Maria und Joseph und erzählten, was sie gesehen und gehört hatten und daß ihnen ein Engel von Gott erschienen sei. Maria wußte, daß es wahr ist, was die Hirten sagten, und dachte an das Wort, das sie selbst von dem Engel gehört hatte."

Die Sterndeuter aus dem Morgenland

„Dann gingen Joseph und Maria wieder nach Nazaret zurück?" fragte der Junge. Der Fischer antwortete nicht gleich. „Ja, später. Aber da erzählt man sich noch eine andere Geschichte, die ist auch so wunderbar wie die mit den Hirten. Bei diesem Mann, bei Jesus, ist vieles so merkwürdig, daß wir es nicht verstehen.

Da lebten, weit fort von hier, im Land Mesopotamien, wo unser Vater Abraham herstammt, Sterndeuter. Das waren Leute, die die Sterne beobachteten und die sagten: ‚Wenn auf der Erde etwas Wichtiges geschehen soll, dann sieht man es vorher an den Sternen.' Die sahen, wie der Stern des Königs, der Jupiter, und der Stern der Juden, der Saturn, immer näher zusammenkamen, so dicht, daß man zuletzt meinte, sie seien nur noch ein großer, sehr heller Stern. Da sagten sie: ‚Es muß bei den Juden, in Jerusalem, ein König geboren worden sein. Und dieser König ist so mächtig, daß sogar die Sterne es uns sagen. Da müssen wir hin.'

Sie setzten sich auf ihre Kamele und ritten durch den Sand der Wüste viele Wochen lang, über Berg und Tal, durch Dörfer und Städte bis nach Jerusalem, weil Jerusalem die Hauptstadt der Juden war und weil ein König ja sicher in der Hauptstadt zu Hause war.

Am Palast klopften sie an. Der König Herodes ließ sie ein, begrüßte sie und fragte: ‚Was möchten die fremden Herren bei mir?' Sie sagten: ‚Wir möchten das Kind sehen.' ‚Welches Kind?' fragte Herodes. ‚Den neugeborenen König der Juden!' ‚Welchen neugeborenen König der Juden? Wir haben hier keinen neugeborenen König der Juden!' Die Weisen wußten ja nicht, daß das Kind in einer Höhle in Betlehem lag und daß seine Eltern arme Leute waren. Der König wußte es auch nicht. Und der König dachte: ‚Wenn ich den finde, bring ich ihn um.' Denn er hatte Angst, daß der neue König ihm seine Krone wegnehmen und sich auf seinen Thron setzen würde.

Die Sterndeuter schauten einander an und wußten nicht, was sie denken sollten. ‚Kannst du dich nicht erkundigen', fragten sie den König, ‚wo der neue König geboren ist?' Da ließ Herodes gelehrte Männer aus dem Tempel holen. Die mußten so etwas wissen. Sie kamen herein, verbeugten sich und fragten: ‚Was wünscht unser Herr, der König?' Und der König fragte: ‚Was sagen die heiligen Bücher? Wo soll der große König geboren werden, wenn er kommt?' ‚Der König, der von Gott ist und der Welt den Frieden bringt?' ‚Ja!' Da schlugen sie ihre Bücher auf und lasen ihm vor: ‚Der König, der von Gott kommt, wird in Betlehem geboren werden, in der Stadt, aus der schon der große König David kam.'

Da ließ Herodes die Sterndeuter wieder hereinkommen und sagte: ‚Ich höre, der neue König sei in Betlehem geboren worden. Geht nach Betlehem. Sucht ihn. Und wenn ihr ihn gefunden habt, dann kommt wieder zu mir und sagt es mir. Dann will ich auch hingehen und ihm ein Geschenk bringen.' Das sagte er aber nur, weil er das Kind finden und umbringen wollte.

Die Sterndeuter verbeugten sich und gingen hinaus. Sie ritten nach Betlehem. Das war nicht weit. Nach zwei Stunden waren sie da, und schließlich fanden sie das Kind bei Maria und Joseph in der Höhle. Zuerst schüttelten sie die Köpfe: ‚Das kann doch nicht sein! Ein König in einem Futtertrog! Ein Kind so armer Leute!' Aber sie konnten eben nicht wissen, daß Jesus kein König war wie andere, sondern einer für die Herzen der Menschen.

Sie standen unter dem Eingang der Höhle und dachten nach. Und als sie über die Höhle hinauf zum Himmel sahen, da standen wieder, groß und hell, die beiden Sterne so nah beieinander, als wären sie ein einziger großer Stern. Und sie wußten: Dieses Kind ist etwas ganz anderes, als wir dachten. Das ist kein König wie andere Könige. Es ist nicht gekommen, um die Menschen zu beherrschen, sondern um sie zu trösten. Es ist ein Bote von Gott. Und es wird für die Menschen viel mehr bedeuten als ein König.

Ehe sie wieder weggingen, erzählten sie Maria von dem Stern, den sie gesehen hatten, und streichelten das Kind und schenkten ihm ein wenig Gold, damit die Mutter es gut versorgen konnte; sie zündeten Weihrauch an, so daß die ganze Höhle duftete, und noch ein bißchen Myrrhe, die auch so schön roch wie Weihrauch. Sie verbeugten sich vor Maria und wünschten dem Kind, daß es wachsen und gedeihen möge, und traten durch den Höhleneingang ins Freie. Und als sie bei ihren Kamelen standen, sagte

einer von ihnen: ‚Jetzt müssen wir nur noch bei Herodes vorsprechen und ihm sagen, wo das Kind ist.' Ein anderer sagte: ‚Aber zuerst schlafen wir. Ich bin müde.' Und sie legten sich draußen unter dem Sternhimmel in den Sand und schliefen lang und fest.

Da hatten sie einen Traum. Sie hörten eine Stimme, die sagte ihnen: ‚Geht nicht zu Herodes zurück. Er will das Kind töten. Geht an Jerusalem vorbei auf einem anderen Weg, wenn ihr heimreitet.' Als sie erwachten, sagten sie: ‚Das war von Gott!' Und sie setzten sich auf ihre Kamele und ritten noch in der Nacht, damit niemand sie sehen konnte, an Jerusalem vorbei und reisten wieder durch die Wüste nach Mesopotamien, in ihre Heimat, zurück.

Ein paar Tage später hatte Joseph einen Traum. Als er hinten in der Höhle, neben Suleika, auf dem Stroh schlief, erschien ihm ein Engel, der sagte leise zu ihm: ‚Steh auf! Nimm das Kind und die Mutter! Geh, so schnell du kannst, nach Ägypten! Herodes sucht das Kind und will es umbringen.'

Joseph erwachte, rieb sich die Augen, es war ja mitten in der Nacht, weckte Maria und sagte: ‚Auf! Wir müssen fliehen!' Maria erschrak. ‚Jetzt fliehen?' ‚Ja', sagte Joseph. ‚Herodes sucht uns.' Und sie wickelten noch ganz verschlafen das Kind in eine Decke, banden ihre Sachen auf die Eselin und machten sich auf die lange Wanderung nach Ägypten. Erst, als Herodes gestorben war und Gott dem Joseph im Traum gesagt hatte: ‚Jetzt könnt ihr heimgehen', packte er in Ägypten wieder seine Sachen, und sie reisten zurück, nicht mehr nach Betlehem, sondern nach Nazaret, wo noch immer ihr Haus war und ihre Höhle. Und dort blieben sie. – **So, und jetzt faß das Netz an. Wir müssen es auslegen."**

Das also ist die Geschichte, die Raffael dem Jungen David erzählte. Wenn wir Suleika fragen, die erinnert sich ganz deutlich: „Ja, das weiß ich noch", sagt sie, wenn wir ihr gut zuhören: „Da sind wir also immer durch den Sand getrabt bei glühender Hitze, immer durch den heißen Sand nach Ägypten. Und als wir einmal an einem Baum vorbeikamen – es gab ja dort sonst keine Bäume, nur Sand –, da rasteten wir. Maria stieg ab von meinem Rücken, setzte sich an den Wegrand und gab ihrem Kind zu trinken. Joseph stützte sich auf mich, ruhte aus und schaute zu. Und für mich gab es ein bißchen Gras.

Aber ich mußte immer denken: Was sind die Menschen doch für merkwürdige Wesen! Und mußte immer den Kopf schütteln, während ich das dachte. Kein Esel würde einen kleinen Esel totschlagen oder totbeißen. Kleine Eselchen hat man lieb. Und diese Menschen, die immer so groß tun und meinen, sie seien klüger als die Esel,

die laufen einem kleinen Kind nach und wollen es umbringen. Nein, ich bin froh, daß ich ein Esel bin.

Und dann war es noch ein sehr weiter Weg nach Ägypten und wieder zurück und dann nach Nazaret. Ich bin sehr müde gewesen, als wir heimkamen. Aber die Hauptsache war: Das Kind war heil und gesund und fing bald an zu laufen und spielte mit mir. Ja, so war das."

Als Jesus noch ein Junge war

Als Maria und Joseph endlich nach Nazaret zurückkamen, war Jesus schon drei Jahre alt. Sie fanden ihr Haus noch immer verschlossen. Maria stieg vom Esel und half auch Jesus absteigen. Joseph machte die Tür auf, und Maria sagte zu Suleika: „Nun sind wir aber froh, daß wir wieder da sind. Danke schön, liebe Suleika."

Von da an lebte das Kind mit seinen Eltern in dem kleinen Lehmhaus mit der Höhle, die darunter war. Dort hatte es sein Bettchen. Und wenn es draußen warm war, dann saß es unter den Bäumen neben dem Haus, bei den Schafen, die seinem Vater und seiner Mutter gehörten.

Als Jesus schon etwas größer geworden war, schaute er seinem Vater bei der Arbeit zu. Der war ein Häuserbauer. Er machte die kleinen Häuser aus Lehm oder aus Steinen, deckte sie mit Holzstangen und strich Lehm darauf, daß der Regen nicht hineinlief. Und manchmal stand er auch in einer Höhle und schlug ein neues Zimmer aus dem Felsen. Auch das machten die Häuserbauer. Der Junge sah ihm zu. Er lernte bei seinem Vater, wie man Häuser baut. Alle Jungen lernten damals den Beruf, den ihr Vater hatte.

Manchmal stand er auch auf dem Felsen neben seinem Haus und schaute ins Tal, wo die Karawanen vorbeizogen, die Kamele mit den großen Ballen auf dem Rücken und die Kaufleute, die aus irgendeinem fremden Land kamen und ans Meer wollten und ihre Waren auf die Schiffe verladen.

Wenn Sabbat war, das war der Tag, an dem niemand arbeitete und an dem man in den Gottesdienst ging wie bei uns am Sonntag, dann ging Jesus mit seinen Eltern in die Synagoge. Dort erzählte ein Lehrer die alten Geschichten von der Schöpfung der Welt und von den Vätern und Vorvätern der Juden. Dort lernte man Gebete, die man morgens und abends sprechen sollte. Und dort hörte Jesus auch von der großen Stadt Jerusalem und von dem herrlichen Tempel mit seinem goldenen Dach, wo die prächtigen Gottesdienste gefeiert wurden und wo Gott den Menschen ganz besonders nahe war.

Ich möchte einmal in Jerusalem sein, dachte er. Wenn meine Eltern nächstes Jahr wieder zum großen Fest

nach Jerusalem gehen, dann will ich mit. Dort sein, wo Gott ist, das muß herrlich sein. Er träumte davon, daß er vor dem großen goldenen Tor stand, daß das Tor aufging und er im heiligsten und schönsten Haus war, das es gab, ganz nahe bei Gott.

Aber damals wußte niemand, was er dachte, und es wußte auch niemand, wer er war. Auch die Sache mit den Hirten und den Sterndeutern wußte noch keiner von seinen Nachbarn. Er war einfach nur der kleine Junge der Maria.

Als er zwölf Jahre alt war, da war es soweit. Den ganzen Winter hatte es geregnet in Nazaret, aber nun wurde es warm und schön, die Blumen kamen heraus, und die Feigenbäume bekamen grüne Blätter. Das war die Zeit, in der die Menschen aus dem ganzen Land nach Jerusalem wanderten, um das große Fest, das Passa, im Tempel zu feiern. Auch Maria und Joseph packten ihre Sachen auf ihre Eselin, und weil Jesus nun schon zwölf Jahre alt war, durfte er mitgehen. Er war richtig stolz, als er neben dem Vater aus dem Dorf ging und sie miteinander den Nachbarn zuwinkten, die nicht mit ihnen reisen konnten.

Und sie wanderten über die Berge nach Jerusalem. Mit ihnen zogen viele andere Familien, ein langer Zug von Menschen, die sich auf das Fest freuten. Eines Abends hielten sie auf einem breiten Hügel plötzlich an und schrien vor Freude, denn unter ihnen lag die Stadt mit ihren Mauern und Türmen, mit ihren Palästen und ihren engen Häusern. Aber am wichtigsten war ihnen das eine Haus mit dem goldenen Dach: der Tempel.

Und die Leute sangen das Lied der Pilger:

Wie schön ist deine Wohnung,
mein Gott!
Meine Seele sehnt sich
nach dem Tempel des Herrn,
mein Leib und meine Seele freuen sich
an dem lebendigen Gott.
Denn der Vogel hat ein Haus
gefunden
und die Schwalbe ein Nest
für ihre Jungen:
Deinen Altar, mein König
und mein Gott.

Und mit den Vögeln meinten sie sich selbst, die so lange unterwegs gewesen waren und nun sich niederlassen konnten.

Sie nahmen Zweige von den Ölbäumen in die Hand und schwenkten sie, und als sie ans Tor kamen, standen dort andere, die begrüßten die Ankommenden und sangen:

Dies ist der Tag, den der Herr macht,
laßt uns freuen und fröhlich sein.
Begrüßt sei, wer da ankommt,
im Namen des Herrn!

Jeden Tag kamen neue Gäste mit Eseln und Kamelen, und die Stadt war zum Bersten voll. Die Gasthäuser waren überfüllt, und die meisten Pilger machten sich, weil sie kein Bett bekamen, irgendwo draußen unter den Ölbäumen ein Lager.

Am Morgen des Fests strömte alles in den Tempel, zuerst durch ein Tor auf einen weiten Platz, dann durch ein zweites Tor in den Vorhof für die Frauen, dann durch ein drittes Tor zum Altar, wo das heilige Feuer brannte. Und der Junge Jesus blickte immerzu auf die goldenen Türen an dem wunderbaren Tempel und dachte: „Eigentlich müßte man immer hier sein. Immer. Dort, wo Gott den Menschen am nächsten ist." Er ging wie im Traum durch die Stadt. Er sah die vielen Menschen und die vielen Häuser und die Stadtmauern. Aber immer wieder zog es ihn in den Tempel. Dort sein – das war es, was er sich gewünscht hatte. „Dort", so dachte er, „bin ich an dem Platz, wo ich hingehöre."

Nach ein paar Tagen war das Fest zu Ende. Überall in den Gärten vor der Stadt packten die Familien ihre Sachen zusammen und luden sie auf die Esel. Maria und Joseph hatten viele Freunde und Nachbarn aus Nazaret getroffen, und nun wollten sie miteinander heimziehen.

Als die Sonne frühmorgens in die Bäume schien, waren sie fertig, Joseph nahm die Eselin an die Leine und sagte: „Auf! Wir gehen!" Da rief Maria: „Wo ist Jesus? Ich kann ihn nicht finden!" „Er wird bei den anderen einen Freund gefunden haben. Er wird schon wiederkommen", antwortete Joseph. Denn viele Kinder hatten Freunde gefunden und wanderten statt mit ihren Eltern mit anderen Familien, mit ihren Kameraden. Und Maria und Joseph wanderten den ganzen Tag. Aber obwohl sie immer wieder eine andere Familie fragten, konnten sie doch keine Spur von Jesus finden, und Maria machte sich immer größere Sorgen.

„Wo kann er nur geblieben sein?" fragte sie ein ums andere Mal. „Hat er uns in Jerusalem nicht gefunden? Hat er etwas Waghalsiges unternommen und ist verunglückt? Oder ist er verschleppt worden wie andere Kinder, die dann irgendwo als Sklaven verkauft werden?"

Voll Angst und Sorge saßen die Eltern die Nacht durch unter einem Baum am Weg und warteten, bis es Tag wurde. Dann liefen sie den langen Weg wieder zurück in die Stadt. Aber der Junge kam ihnen nicht entgegen, und niemand konnte sagen, wo er war.

Zuerst suchten sie in dem Garten, wo sie geschlafen hatten. Da war er nicht. Dann bei dem Wirt, bei dem sie gegessen hatten. Der wußte nichts. Dann bei der Tempelpolizei. „Habt ihr einen zwölfjährigen Jungen gesehen?" Aber die lachten: „Es ist doch alles voll mit kleinen Jungen!"

Dann liefen sie um die ganze Stadt und durch alle mit Menschen vollgestopften Straßen und Märkte. Als es Nacht wurde, blieben sie todmüde vor einem Haus auf einer Treppe sitzen und warteten bis zum Morgen.

Am nächsten Tag liefen sie in die Dörfer der Umgebung. Und noch ein Tag ging vorbei, und Jesus war nicht zu finden. „Er kann doch nicht einfach weggelaufen sein", rief Maria und weinte. „Er läuft doch nicht einfach weg! Nein, das hat er noch nie getan. Es muß irgend etwas anderes geschehen sein. Aber was?"

Wo Jesus inzwischen gewesen ist

Was hat Jesus inzwischen erlebt? Am letzten Tag des Fests saß er bei seinen Eltern im Garten am Ölberg, wo Suleika angebunden war. Die paßte immer auf ihre Sachen auf, wenn sie in der Stadt waren. Aber Jesus war mit seinen Gedanken nicht recht da. Er dachte immerfort an das Fest im Tempel. Ein Freund aus Nazaret fragte ihn: „Gehst du morgen mit uns?" „Ja", sagte er, „schon gut." Aber er hatte es gar nicht richtig gehört.

Als die Mutter ihm zurief: „Sei bitte heute abend pünktlich da. Wir müssen morgen früh aufbrechen", da sagte er „Ja", aber er hatte es gar nicht richtig gehört. Er hörte wie aus der Ferne den Vater sagen: „Wenn es hell wird, gehen wir. Sieh zu, daß du nicht verschläfst." „Ja", antwortete der Junge. Aber seine Gedanken waren ganz woanders.

Lange vor Sonnenaufgang, als es drüben im Tempel lebendig wurde, stand er auf und schaute hinüber wie im Traum. Und als die Sonne sich auf dem goldenen Dach spiegelte wie ein Licht vom Himmel, lief er zum Goldenen Tor hinauf, in die Stadt und in den Tempel. Da sangen die Priester, und die Posaunen bliesen, und es war unsagbar schön. „Hier ist Gott, der Vater im Himmel", dachte er. „Hier ist er ganz nah. Hier bin ich glücklich. Hier weiß ich, daß Gott mich liebt. Und hier wird mir Gott auch sagen, was ich tun soll, wenn ich groß bin."

Und dann ging er wie träumend zwischen den Menschen umher und dachte: „Hier sind die klugen, alten Männer, die wissen, wer Gott ist. Die wissen, warum wir Menschen überhaupt leben. Die haben die alten heiligen Bücher, in denen alles steht."

Schließlich kam er in ein großes Gebäude mit vielen Säulen aus weißem Marmor, eine weite Halle. Dort sah er einen alten Mann mit weißem Bart auf einem Stuhl sitzen, und um ihn her saßen viele junge und alte Leute und hörten ihm zu. Er redete, und sie fragten ihn, und er gab Antwort. Und Jesus sah, daß in der Halle noch andere alte Männer waren, und immer saßen Menschen im Kreis um sie her und sprachen mit ihnen.

„Die sind es", dachte er! „Die wis-

sen alles, was ich auch wissen muß." Und er setzte sich zu den anderen und hörte, wie der Alte eine Geschichte erzählte. Er hatte eine Buchrolle vor sich und las daraus vor, dann legte er die Rolle weg und erzählte weiter. Er war ein Schriftgelehrter, und die Rolle, die er bei sich hatte, war die Bibel.

Als Jesus dazukam, las er gerade vor:

Gott wohnt nicht auf der Erde.
Er wohnt auch nicht nur im Himmel.
Denn auch der Himmel
ist nicht groß genug,
ihn zu umfassen.
Auch dieser Tempel ist zu klein
für dich, Gott.
Aber du hast gesagt:
Hier könnt ihr mich finden.
Hier will ich euch nahe sein.

So höre nun, Gott, unser Gebet
und schaue uns freundlich an,
wenn wir zu dir kommen.

„Ja, das ist es", dachte Jesus. „Man kann Gott hier nicht einsperren. Er ist zu groß. Er ist im Himmel und auf der Erde und überall. Aber hier, im Tempel, können wir ihm doch viel näher sein." Er hörte dem alten Mann den ganzen Tag zu, und manchmal fragte er ihn auch, wenn er etwas nicht verstand. Und am Abend hatte er sich fast schon mit ihm angefreundet.

Als es dunkel wurde, ging Jesus gar nicht aus dem Tempel. An einer Stelle in der Halle, wo ihn niemand sah, legte er sich hinter einer Säule schlafen, weil er ganz früh am Morgen da sein wollte, wenn die Gelehrten wiederkamen. Und so ging es noch einen Tag und noch einen. Die Lehrer kannten ihn schon und sprachen mit ihm. Er fragte sie, und sie freuten sich an ihm, weil er so klug fragte und so viel wissen wollte.

Immer einmal zwischendurch fiel ihm ein, daß die anderen ja längst auf dem Weg nach Nazaret waren und daß man sicher nach ihm fragen würde. Aber was sollte er in Nazaret? Hier war doch der Platz, an dem er sein mußte! Hier gehörte er hin. Hier war alles, was er suchte. Und die anderen konnten wohl auch ohne ihn leben.

Jetzt hatte er endlich gefunden, was er suchte. Und nun wollte er dableiben, immer, immer, und nie mehr nach Nazaret gehen.

Plötzlich fuhr er hoch. „Da ist ja der Vater! Und die Mutter!" Durch die Menschenmenge drängten sich eine Frau und ein Mann. Sie sahen ihn sofort und blieben stehen. Und er erschrak: „Wie bleich sie aussehen! Und wie müde!"

„Da bist du ja! Wo bist du nur gewesen? Wie konntest du das tun? Seit Tagen suchen wir dich", rief Maria.

Der Gelehrte auf dem Stuhl unterbrach seine Rede, und die anderen Leute waren ganz still und erschrocken.

Der Junge stand da – er war noch gar nicht richtig aus seinen Gedanken aufgewacht – und sagte leise, so, daß nur seine Eltern und die nächsten Leute es hörten: „Warum sucht ihr mich? Ich kann doch nirgends anders sein als hier! Hier ist das Haus Gottes, des Vaters. Hier muß ich sein."

Aber Maria schüttelte den Kopf, nahm ihn in die Arme und sagte: „Gott sei Dank, daß du da bist! Jetzt komm aber schnell. Wir haben schon viel Zeit verloren." Und Jesus ging mit. Stumm. Und wanderte mit seinen Eltern nach Nazaret.

Unterwegs rasteten sie einmal an einem Brunnen. Suleika stand da, ließ das Maul ins Wasser hängen und dachte nach. Man sah es daran, daß sie ihre Ohren langsam hin und her bewegte. „Das ist gut", dachte sie, „daß er wieder bei seinen Eltern ist. Er ist zwar schon groß, und bald muß er selber wissen, wo er hingehört. Ein Eselchen ist mit einem Jahr schon selbständig. Aber die Kinder der Menschen wachsen eben langsamer und brauchen ihre Eltern immer noch, wenn ein Esel längst erwachsen ist. Es ist schon gut, daß er wieder da ist. Für den Vater, denn der braucht ihn bei der Arbeit. Für die Mutter, denn die hat ja schrecklich geweint, als er nicht zu finden war. Und für den Jungen auch, denn so groß ist er ja nun auch noch nicht, daß er seine Mutter und seinen Vater nicht mehr braucht. Ich bin froh, daß alles noch einmal gut ausging. Was hätte nicht alles passieren können!"

Und dann nahm Suleika noch einen kräftigen Schluck Wasser und schaute zu Joseph hinüber, als wollte sie sagen: „Ich glaube, wir müssen weiter! Die anderen sind schon fast daheim."

Als sie wieder zu Hause waren, arbeitete Jesus wieder mit seinem Vater an den Häusern von Nazaret. Aber jetzt wußte er, daß er nicht nur Häuser bauen würde, sondern zu den Menschen von Gott sprechen und ihnen helfen, daß sie ihn finden konnten. Er wußte nun, wozu er auf der Welt war.

Johannes der Täufer

Jahre gingen vorbei, und Jesus, der Sohn der Maria, wurde ein Mann. Er arbeitete in der Stille wie sein Vater, und nur die Leute aus Nazaret kannten ihn.

Eines Tages reisten Leute durchs Dorf, die kamen von weither, aus dem Tal des Jordan, aus der Stadt Jericho, die in der Wüste liegt, und erzählten: „Wir haben einen Mann Gottes gesehen! Der lebt unten am Jordan. Er steht am Ufer in einem rauhen Mantel aus Fell. Er hat Augen, die brennen wie Feuer, und eine Stimme, vor der man sich fürchten muß. Man wird ganz klein vor ihm. Er sagt: ‚Jetzt kommt bald der Christus, den Gott zu uns schickt. Aber so, wie ihr seid, könnt ihr ihm nicht unter die Augen treten. Er kann jeden Tag da sein.' Und dann taucht er die Leute ins Jordanwasser und tauft sie."

Während die Leute das in Nazaret erzählten, stand Johannes unten in der Wüste am Jordan, und die Leute strömten zu ihm und hörten ihm zu.

Sie fragten ihn: „Was willst du eigentlich? Was sollen wir denn tun? Was sollen wir anders machen als bisher?"

„Ihr wißt, daß es Leute gibt, die frieren. Ihr habt Kleider. Gebt ihnen davon.

Ihr wißt, daß es Leute gibt, die hungern. Gebt ihnen von eurem Brot.

Ihr wißt, daß Gott von euch verlangt: Nicht stehlen. Niemand ein Leid tun. Die Wahrheit sagen. Für Gerechtigkeit sorgen. Geht heim und tut, was Gott von euch will. Denn er ist nah. Er kommt. Und wenn er kommt, müßt ihr bereit sein."

Da sagten die Leute: „Der redet nicht nur von dem Gottesboten, auf den wir warten. Er ist es selbst." Und sie fragten ihn: „Warum redest du von einem anderen, der uns helfen wird? Du bist es doch selbst." „Nein", antwortete er. „Ich bin es nicht. Ich kündige ihn nur an. Wer es ist, weiß ich nicht. Ich erwarte ihn aber jeden Tag. Dann werde ich ihn euch zeigen.

Wenn er kommt, werde ich vor ihm so klein sein wie irgendeiner von euch. Dann sind wir alle klein. Dann merken wir, wieviel uns fehlt, um Kinder Gottes zu sein. Dann merken wir, wieviel böse ist in uns. Darum stellt euch um. Ändert euch.

Denn wenn ein Baum faul ist und keine Frucht an ihm wächst, dann haut man ihn ab und zersägt ihn und verbrennt ihn. Sorgt dafür, daß Gott euch das Leben geben kann.

Da unten ist Wasser. Wer wirklich einen neuen Anfang machen will, der soll jetzt hinuntersteigen in den Fluß, so daß das Wasser ganz über ihn hingeht, bis über den Kopf, zum Zeichen, daß er dem Christus, wenn er kommt, ganz rein gegenübertreten will. Daß er alles hergeben will für das Reich Gottes und die Erlösung der Menschen."

Und die Menschen gingen ans Ufer und stiegen ins Wasser hinunter mit allen Kleidern, und Johannes stand im Wasser und hielt sie fest. Und wenn sie wieder auftauchten, sagte Johannes: „Seht zu, daß ihr rein bleibt! Er kommt bald!"

Als Jesus von Johannes hörte, wußte er: „Jetzt ist es Zeit. Nun muß ich mich zeigen. Nun muß ich reden. Nun brauchen mich die Menschen. Nun sendet mich Gott."

Er legte das Werkzeug aus der Hand, verließ seine Eltern und wanderte allein zwei Tage lang von Nazaret hinunter an den Jordan, um Johannes zu begegnen. Als er dort ankam, traf er viele Menschen, auch Freunde aus Nazaret. Aber er ging an allen vorbei direkt auf den großen Johannes zu, den sie alle fürchteten und bewunderten. Und als er ihm gegenübertrat und die beiden einander ansahen, da war es totenstill um sie her, und die Menschen warteten und fragten sich: „Wer von den beiden ist es?" Und es war zwischen den zwei Männern, wie wenn ein Feuer überspringt. Jesus sah: „Der weiß, wer ich bin." Und Johannes wußte: „Der ist es, von dem ich geredet habe, der von Gott kommt."

Jesus schaute ihn lange an und sagte: „Ich will mich taufen lassen."Aber Johannes schüttelte den Kopf und hob die Hand: „Nein. Ich taufe dich nicht. Das ist etwas für diese Leute und auch für mich. Wir brauchen es. Du brauchst es nicht. Auf dich warten wir ja. Wir lassen uns ja taufen, weil du kommst."

Jesus antwortete: „Hast du nicht gesagt: Wer bereit ist, alles herzugeben für das Reich Gottes, der soll sich taufen lassen? Ich bin bereit. Taufe mich."

Und Johannes gehorchte. Er stieg mit ihm zusammen in den Fluß hinab und tauchte Jesus tief unter das Wasser. Und als Jesus wieder herausstieg, sah er den Himmel heller und leuchtender als vorher, und er hörte die Stimme Gottes, seines Vaters, sagen: „Du bist mein lieber Sohn!"

Nun wußte Jesus, daß er von jetzt an zu den Menschen gehen würde, die ihn brauchten. Er wußte: „Ich muß bereit sein, alles hinzugeben, auch mein Leben, wenn ich damit die Menschen zu Gott bringen kann."

Deshalb taufen wir Christen auch heute noch. Meistens die Kinder, wenn sie klein sind, manchmal auch erwachsene Frauen und Männer. Und das bedeutet, daß wir zu Jesus gehören, daß wir Kinder Gottes sind wie er und unter der Liebe Gottes leben. Wenn wir gestorben sind, dann werden wir aus dem Tod lebendig werden, so wie Jesus aus dem Wasser aufgestanden ist. Wir können uns unserem Vater im Himmel für unser ganzes Leben anvertrauen und wissen: Ich bin bei ihm, und er ist bei mir. Und ich werde immer bei ihm sein. Mir kann nichts geschehen.

Johannes und Jesus gaben einander die Hand und verabschiedeten sich voneinander wie zwei Freunde und Bundesgenossen. Johannes blieb in der Wüste am Ufer des Jordan, und Jesus wanderte zurück nach Nazaret und in die anderen Dörfer und Städte von Galiläa und begann, zu den Menschen zu reden, und zeigte ihnen, wie sie Gott finden könnten. Er zog übers Land und sammelte die Menschen um sich.

Und dort, auf dem Berg über dem See Gennesaret war es, daß der kleine Junge David ihn sah, zusammen mit dem Esel Joram und dem Fischer Raffael.

„Das war die Geschichte von Johannes!"
„Weißt du jetzt keine mehr?"
„Doch, noch viele! Aber erst morgen!"

Viele Menschen an einem Tisch

Im Haus des Mattäus

Jesus und einige seiner Freunde waren auf dem Weg von Gennesaret nach Bethsaida. Das waren zwei Dörfer am See, und die Straße führte am Ufer entlang. Wenn Jesus nach rechts sah, schaute er über das weite, blaue Wasser mit den Fischerbooten, und wenn er nach links sah, lagen da die Weizenfelder und die Weinberge am Berghang. Zwischen den Ölbäumen arbeiteten die Bauern.

Die Straße war laut und voll von Menschen und Kamelen, Wagen und Eseln. Autos gab es ja noch nicht. Die Bauern fuhren mit ihren Karren aufs Feld. Händler schoben ihre Handwagen, voll mit Fischen, auf den Markt. Kamele, die von sehr weit herkamen, trugen große Ballen. Sie schwankten die Straße entlang unter ihrer Last. „Hallo!" „He! Weg da!" „Mach Platz!" So riefen die Leute. Und dazwischen marschierten römische Soldaten mit Speeren und Schilden und eisernen Helmen, und alle mußten ihnen Platz machen.

Denn das war nicht nur eine Straße zwischen den zwei Dörfern Gennesaret und Bethsaida, es war eine große Handelsstraße. Wer von Damaskus, der großen, reichen Stadt in Syrien, ans Meer wollte und dort seine Waren auf die Schiffe laden, der mußte diese Straße benützen, auf der auch Jesus wanderte.

Auf halbem Weg kam Jesus in das Dorf Kafarnaum. Dort war eine Grenze und eine Zollstelle, denn drüben in Bethsaida war das Land eines anderen Königs als in Gennesaret. Wer weiterreisen wollte, mußte an der Grenze bei den Zöllnern anhalten und Zoll zahlen.

Als Jesus nach Kafarnaum kam, war die Straße vollgestopft mit Menschen und Eseln und Kamelen, die alle über die Grenze reisen wollten. Rechts und links der Straße saßen Männer an Tischen und schrieben alles auf. Andere schauten in die Wagen, machten die Ballen auf den Kamelen auf und sahen hinein, was da wohl geladen sei.

Einer rief: „Das sind zehn Zentner Getreide. Das macht zwanzig Mark." Und der Bauer zahlte. Ein anderer: „Das sind vier Ballen Seide aus China. Das macht hundert Mark." „Das ist zuviel", rief der Kamelführer. „Soviel kann ich nicht zahlen!" „Dann geh wieder hin, wo du hergekommen bist", schnauzte ihn der Mann am Tisch an. Und der Kaufmann holte seinen Beutel aus dem Rock. „Wird's bald!" schrie der Zöllner am Tisch. Und der Mann zahlte. Denn die römischen Soldaten, die da überall mit ihren Spießen standen, halfen dem Mann am Tisch, wenn es Streit gab. Ein anderer schrie einen Fuhrmann an: „Los! Mach schon! Zahle! Sonst werfe ich deine Säcke ins Wasser." Und der mußte zahlen.

Alle Bauern und Fischer am See,

auch die Frauen und die Kinder, waren böse auf die Zöllner, weil sie immer zuviel Geld verlangten, mehr, als die Leute eigentlich zahlen konnten. Die Zöllner wurden reich dabei, denn sie behielten viel Geld für sich, und nur einen Teil lieferten sie dem König ab. Die Leute sagten: „Sie sind Betrüger. Sie machen die Menschen arm. Sie sind Verräter, denn sie helfen den Römern, und die sind unsere Feinde." Niemand redete mit ihnen, und jeder ging ihnen aus dem Weg.

Als Jesus an einem solchen Zöllner vorbeikam, fragte der ihn: „Was hast du bei dir?" „Nichts", antwortete Jesus, „und meine Begleiter haben auch nichts bei sich." „Was willst du denn da drüben?" fragte der Mann am Tisch. „Warum willst du hier durch?" „Ich werde zu den Menschen in Bethsaida sprechen, Kranke gesund machen, und ihnen sagen, daß das Reich Gottes nahe ist."

„Das Reich Gottes?" Der Zöllner – er hieß Mattäus – schaute ihn lange an. „Das Reich Gottes muß schön sein. Aber nicht für mich. Ich gehöre nicht zu denen, die auf das Reich Gottes hoffen dürfen. Ich bin ein Zöllner." Eigentlich wollte er jetzt sagen: Los, macht, daß ihr weiterkommt! Aber er konnte nicht. Jesus stand vor ihm und sah ihn an und sagte: „Du paßt nicht hierher!" Der Zöllner sagte nichts. „Laß das hier liegen! Deine Listen und dein Geld. Steh auf!"

Mattäus, der Zöllner, stand langsam auf. Sah sich unsicher um. Die anderen, seine Kollegen und die Händler auf der Straße, hatten es alle gehört, was Jesus sagte. Und er fragte den fremden Mann, der da vor ihm stand und ihn ansah: „Was willst du? Was soll ich tun?" Und Jesus streckte ihm die Hand entgegen: „Ich brauche dich. Komm mit!"

Die Leute standen mit offenem Mund daneben. Das gibt's doch nicht! Und Mattäus wußte immer noch nicht, was er tun sollte. Er sah die Gesichter, die ihn anstarrten. Er sah die Freunde des fremden Mannes, die schweigend dastanden. Und die römischen Soldaten, die mit finsteren Gesichtern in der Menge herumliefen. Da gab er Jesus die Hand: „Ja, ich komme." Jesus drehte sich um und ging durch die Zollschranke. Und Mattäus rief noch einem seiner Kollegen zu: „Mach du das hier für mich! Ich gehe!" Der starrte ihn an und schüttelte den Kopf: „Du bist wohl nicht gescheit! Aber gut. Wenn du willst."

Drüben, hinter der Schranke, wartete Jesus auf ihn. Während Mattäus mit Jesus und den Jüngern durch das Dorf weiterging, zeigte Mattäus auf ein Haus: „Meister! Da wohne ich. Ich möchte euch alle zu mir einladen." Vor einem schönen Tor blieben sie stehen, das Tor führte in einen Hof, und um den Hof her stand das Haus. Zwischen dem Hof und der Straße, rechts und links des Tors, war eine niedrige Mauer, über die man hinübersehen konnte.

„In diesem Haus?" fragte Jesus. „Ja, in diesem. Kommt alle!" Und er lud die Jünger alle einzeln ein, hereinzukommen und im Hof Platz zu nehmen. Das ist dort immer so. Ein Essen mit vielen Gästen hält man im Hof ab und nicht im Haus. Die Häuser sind zu klein und zu dunkel. Und draußen ist es ja schön warm. Deshalb liegen im Hof immer ein paar Matten aus Schilf, auf denen man sich niederlassen kann.

Nacheinander gingen sie durch den Eingang in den Hof, setzten sich am Haus entlang im Schatten nieder und fühlten sich wohl.

Mattäus ging ins Haus und rief seinem Diener: „Wir haben Gäste! Bring alles, was wir haben! Schnell. Die Leute sind hungrig." Und der Diener und die Magd fingen an, den Tisch zu dekken, Wasser vom Brunnen zu holen und Früchte vom Markt.

Da saßen sie nun, die Freunde von Jesus, die früher einmal Fischer gewesen waren: Petrus und Andreas, Jakobus und Johannes und die anderen. Mattäus, der Zöllner, saß mitten unter ihnen. Er war glücklich, weil Jesus gesagt hatte: Ich kann dich brauchen. Aber er schob die Gedanken in seinem Kopf immer hin und her: Ist es richtig, was ich tue? Ist es falsch? Ich verliere meinen Beruf. Ich lasse mein Haus leer stehen. Denn mit diesem Mann bin ich ja immer unterwegs und habe keine Ahnung, wohin er geht. Ich verliere meine Freunde. Aber ich finde hier neue. Ich verliere all meinen Besitz, denn ich kann nichts mitnehmen. Aber ich finde mit Jesus den Weg zum Reich Gottes. Ich verliere meine Diener und meine Magd. Die muß ich entlassen. Was kann ich gewinnen? Daß dieser Mann mich liebt und mir vertraut. Und als er alles gegeneinander abwog, fand er: Eigentlich habe ich gut gewählt.

Inzwischen sprach sich die Sache in Kafarnaum herum. „Hast du schon gehört? Der Mattäus!" „Nein, das ist unmöglich." „Doch! Der Meister aus Nazaret kam in sein Haus!" „Das muß ich sehen!"

Zwei Parteien gab es im Dorf. Da waren auf der einen Seite die Soldaten und die Zöllner. Auf der anderen waren die Bauern und die Fischer. Die einen hatten die Macht und waren reich. Die anderen waren arm und hatten kaum, was sie zum Leben brauchten. Die Bauern und Fischer hatten nur eins vor den Soldaten und den Zöllnern voraus: Das war, daß sie sich im Gottesdienst in ihrer Synagoge versammelten, an jedem Sabbat, die Bibel lasen und beteten und sangen und daß die Römer und die Zöllner dort keinen Zutritt hatten. „Ein Zöllner kommt uns nicht in den Gottesdienst", sagten sie. „Mit denen hat ein frommer

Mensch nichts zu tun. Die Zöllner sind Betrüger, die schaut man gar nicht an. Denen gibt man nicht die Hand. Man geht nicht in ihre Häuser und lädt sie auch nicht ins eigene Haus ein."

Und nun das! Jesus, der Meister aus Nazaret, der immer vom Reich Gottes sprach, im Haus eines Zöllners! „Wenn das wahr ist", sagten die Leute, „dann ist er für uns erledigt. Dann kommt er uns nicht mehr in die Synagoge."

Die Leute strömten zum Haus des Mattäus. Tatsächlich! Dort stand er, der Gauner vom Zoll, und trug das Essen auf. Auch ein paar Kollegen des Mattäus, andere Zöllner, saßen dazwischen. Die Leute standen an der niedrigen Mauer und schauten sich die ärgerliche Sache an.

Schließlich kam auch ein grauhaariger, würdiger Mann im langen Mantel vorbei. Einer rief ihn her: „Hier! Da sind sie!" Der Mann trat an die Mauer und schaute hinein. Da saß Jesus, der ein Meister sein wollte, ein Bote Gottes, und aß mit diesem Gesindel. Unerhört!

Aber der Mann, der ein Gelehrter war und ein frommer Mann, hatte immer gerne zugehört, wenn Jesus gesprochen hatte. Er wollte wissen, warum das geschah. Er winkte einen der Jünger zu sich: „Was soll das? Warum ißt euer Meister mit den Zöllnern? Ihr wißt doch, daß das einem Gerechten nicht erlaubt ist. Er macht sich doch selbst zum Gesindel!"

Auch Jesus hörte, was der alte Mann fragte. Er stand auf, ging an die Mauer, grüßte ihn freundlich und sagte: „Du und ich, wir wissen, daß Gott uns liebt. Und wir sollen denen Liebe bringen, die sie am dringendsten brauchen. Diesen Zöllner hier kann keiner leiden. Deshalb spreche ich mit ihm und sage ihm, daß Gott auch ihn liebt.

Du und ich, wir sind Ärzte. Ärzte für die Seelen der Menschen. Ein Arzt geht dorthin, wo Kranke sind, und heilt sie. Er geht nicht zu den Gesunden. Die brauchen ihn nicht. Deshalb müssen wir zu denen hingehen, die von Gott nichts wissen, und ihnen ein Wort von Gott bringen. Wer alles schon weiß, der braucht uns nicht."

Der Alte blieb stehen und sagte nichts mehr. Jesus ging in den Hof zurück zu Mattäus.

Draußen vor dem Tor standen aber nicht nur Menschen. Da blieben auch die Kamele stehen, weil die Treiber sehen wollten, was da los war, und die Esel, die irgend jemand vorbeitrieb. Da stand auch Joram und schaute über die niedrige Mauer.

Und Joram dachte: „Das ist wie bei uns, den Eseln. An uns läßt man seinen Zorn aus. Uns prügelt man, wenn wir nicht mehr können. Uns packt man Körbe und Kisten und Säcke auf, und zuletzt setzt sich noch ein schwerer Mann auf die Säcke, und alles sollen wir tragen.

Wie sagte doch mein Großvater: ‚Wenn ein Mensch nicht laufen will, sagt er: Der Esel ist faul.' Er war ein sehr kluger Esel. Er sagte: ‚Man muß nicht jedem Dummkopf zeigen, wie stark man ist.' Und er hat auch gesagt: ‚Wer einen Esel ohne Fehler will, soll zu Fuß gehen.'

Es gibt auch Menschen, denen man alles aufpackt. Man sagt: ‚Die sind böse. Die sind gefährlich. Die muß man einsperren.' Oder: ‚Mit denen darf man nichts zu tun haben.' Aber alle sind doch Menschen. Vielleicht weiß Jesus, wie die Guten und die Bösen miteinander leben können, statt sich zu treten."

Weil Joram nur ein einfacher Esel war und von Heu lebte, merkte niemand, was für kluge Gedanken er in seinem Kopf hin und her schob.

Die Heimkehr des verlorenen Sohnes

Nach einer Weile, als noch immer die Leute und auch der alte Mann an der Mauer standen und hereinschauten, stand Jesus auf und ging auf sie zu. „Ich will euch eine Geschichte erzählen", sagte er.

„Es war ein Bauer, der hatte zwei Söhne. Die arbeiteten mit ihm auf dem Feld und im Haus, und es ging ihnen gut. Eines Tages sagte der Jüngere, kaum achtzehnjährig, zu seinem Vater: ‚Ich habe es satt, hier zu sein und Tag für Tag auf dem Acker zu arbeiten. Ich will etwas erleben. Du hast gesagt, ich würde später einmal Geld von dir erben. Gib es mir jetzt! Später brauche ich es nicht.' Der Vater wurde traurig, als er hörte, daß sein Sohn nicht bei ihm bleiben wollte. Aber der ältere Bruder sagte: ‚Laß ihn laufen. Er taugt sowieso nichts.'

Am anderen Tag gab der Vater dem Jungen das Geld. Der packte seine Sachen und ging fort. Er sagte nicht, wohin er gehen wollte. Vielleicht wußte er es selber nicht. Er wanderte Tag um Tag und freute sich, daß er frei war. Und wenn er an seinen Bruder dachte, dann lachte er und sagte: ‚Der Dummkopf arbeitet auf dem Feld!' Manchmal fuhr er ein Stück mit dem Wagen, manchmal mietete er sich ein Pferd und ritt ein Stück. Er hatte ja Geld. Er war glücklich. Nur manchmal fühlte er sich sehr allein. Alle seine

Freunde waren zu Hause geblieben, und neue Freunde fand er nicht so leicht. Außer dann, wenn er abends in einem Wirtshaus die jungen Leute, die er dort traf, zum Essen und Trinken einlud. Er gab sein Geld aus, weil er doch Freunde brauchte und weil er Freunde nur fand, wenn er zahlte.

Eines Tages zählte er die letzten Pfennige, die er noch in der Tasche hatte. Er war allein und wußte: ‚Das reicht gerade noch für heute und morgen. Dann habe ich nichts mehr. Was soll ich tun?' Er verkaufte seinen schönen Mantel, dann seine Jacke, dann sein Hemd an einen Wirt. Der gab ihm ein paar alte Lumpen dafür und etwas zu essen. Und als er nichts mehr hatte, sah er neben der Straße eine Herde Schweine. Niemand war dabei. Als er durch das nächste Dorf kam, fragte er die Leute: ‚Wem gehören die Schweine dort draußen?' Und als er den Besitzer fand, sagte er: ‚Ich habe nichts mehr, ich muß arbeiten. Brauchst du einen Hüter für deine Schweine?' Der Mann sah ihn von oben bis unten an und dachte: So schmutzig und zerlumpt wie der aussieht, kann er nicht viel taugen. Aber zu den Schweinen paßt er. Und er sagte: ‚Gut, geh hinaus zum Schweinestall. Wenn du tüchtig arbeitest, kannst du bleiben.'

Der Junge trieb von da an die Schweine morgens aus dem Schweinestall einen schmutzigen, sumpfigen Weg entlang auf die Weide und abends durch den schwarzen Morast wieder in den Stall. Dort schlief er bei den Schweinen auf einem Haufen Heu.

Als er eines Tages nach seinem Lohn fragte, meinte der Bauer: ‚Sei froh, daß ich dir das Essen gebe und den Schlafplatz!' Aber auch das Essen wurde immer weniger. Morgens stand er hungrig auf, und abends legte er sich hungrig schlafen.

Wenn er nachts in dem finsteren Stall auf dem Heu lag, dachte er an zu Hause: ‚Mein Vater hat auch Knechte. Die hüten ihm seine Schafe und seine Ziegen. Aber die haben ein Bett. Die haben genug zu essen. Wenn ich bei ihm Knecht wäre, ginge es mir besser. Richtig. Ich gehe nach Hause und sage zu meinem Vater: Ich habe mein Erbe verbraucht. Es war unrecht, daß ich weggelaufen bin. Ich bin nicht mehr dein Sohn. Ich will einer von deinen Knechten sein. Ich will alles tun, was du willst.'

Als es Morgen wurde, trieb er noch einmal die Schweine auf die Weide hinaus, dann ging er zu dem Bauern und sagte: ‚Ich gehe.' ‚Wie du willst', antwortete der und ließ ihn gehen. Und der Junge wanderte den weiten, weiten Weg nach Hause. Viele Tage lang lief er von morgens bis abends. Manchmal gab ihm jemand etwas zu essen oder einen Platz zum Schlafen.

An einem Abend, als er fast nicht mehr konnte, blieb er plötzlich stehen und warf die Arme in die Luft vor Freude: ‚Dort fangen unsere Felder an', rief er. ‚Und dort ist das Haus!' Und obwohl er zum Umfallen müde war, lief er weiter, immer auf das Haus seines Vaters zu. Auf einmal blieb er stehen: ‚Wenn er mich jetzt gar nicht mehr will? Wenn der Vater sagt: Du willst doch frei sein. Geh wieder, woher du kommst! Und wenn der Bruder sagt: Was will der Landstreicher hier? Fort mit dem! Wenn sie mich fortschikken, was soll ich dann tun?'

Aber vor dem Haus stand der Vater und suchte mit den Augen die Straße ab. Irgendwann, das wußte er, würde sein Sohn wiederkommen. Jeden Abend stand er so, wenn die Arbeit getan war. Und diesmal sah er ihn! Dort! Ja, das war er. Endlich! Und der Mann lief ihm entgegen, nahm ihn in den Arm und drückte ihn an sich: ‚Mein Junge! Endlich bist du wieder da!'

Und der Sohn sagte, wie er es sich vorgenommen hatte: ‚Dein Sohn kann ich ja nicht mehr sein, aber ich will als Knecht bei dir arbeiten.' ‚Nicht mehr mein Sohn?' lachte der Vater und rief zwei Knechte, die in der Nähe standen: ‚Holt einen guten Anzug und Schuhe! Und holt ein Kalb und macht uns ein Festessen. Denn der hier, mein Sohn, war tot und ist wieder lebendig! Wir hatten ihn verloren und haben ihn wiedergefunden.' Und die ganze Familie und alle Knechte und Mägde machten ein großes, fröhliches Fest.

Nur der ältere Bruder war nicht da. Wo war der ältere Bruder? Der war auf dem Feld und arbeitete. Als es dunkel war, kam er müde nach Hause und fragte einen Knecht: ‚Was ist da los? Warum ist da Musik? Warum wird da getanzt?'

‚Dein Bruder ist wiedergekommen', antwortete der. ‚Dein Vater ist froh, daß er ihn gesund wieder hat. Da hat er ein Festessen auffahren lassen, und alle sind fröhlich und feiern.'

‚Mein Bruder?' fragte der Ältere. ‚Der Taugenichts? Der Landstreicher? Da soll ich mitfeiern? Nein. Ich nicht.' Und er blieb draußen und machte sich zu schaffen.

Der Vater sah ihn vom Fenster aus und ging hinaus zu ihm: ‚Junge! Komm herein! Dein Bruder ist gekommen!' Aber der Sohn antwortete zornig: ‚Ich arbeite hier Jahr um Jahr und habe kaum einen freien Tag. Meinetwegen werden keine Feste gefeiert. Aber jetzt, wo der kommt, gibt es ein rauschendes Fest!'

Aber der Vater nahm ihn an der Hand: ‚Mein Sohn, du bist immer bei mir. Was mir gehört, gehört auch dir. Aber nun ist dein Bruder wiedergekommen, nicht irgendein Landstreicher, sondern dein Bruder. Komm, wir wollen feiern!'"

Die Leute am Zaun standen still da und hörten atemlos zu. Wen meinte Jesus mit dem Bauern? Wen meinte er mit dem älteren Bruder? Und mit dem jüngeren? Und sie merkten, daß in der Geschichte etwas versteckt war. Vielleicht gerade das hier, das Essen, das Jesus und die Jünger mit dem Zöllner feierten?

Und sie schauten den alten Gelehrten an, der am Zaun stand und gefragt hatte: „Warum ißt euer Meister mit den Gaunern?" Denn sie merkten: Ihn hatte Jesus mit dem älteren Bruder gemeint. Er war in jedem Gottesdienst in der Synagoge bei Gott, seinem Vater im Himmel. Er war nie vor Gott davongelaufen wie der Zöllner. Er war immer gehorsam im Hause geblieben. Der Zöllner aber war weggegangen zu den Römern und an die Zollstelle, weil er frei sein wollte und reich werden.

Aber nun wollte Mattäus heimkommen. Er wollte zu Gott zurückkehren und einen neuen Anfang suchen, und Jesus machte ein großes Fest aus lauter Freude, daß Mattäus zu den Kindern Gottes gehörte und nicht mehr zu den Gaunern.

Jesus schaute zu dem Gelehrten hinüber: „Freu dich doch darüber, daß der hier heimkommt. Bleib nicht draußen stehen! Komm herein und feiere mit uns. Denn dieser Mattäus ist kein Betrüger mehr, sondern dein Bruder. Ich bitte dich, komm! Die Tür ist offen. Es ist noch Platz da." Und Jesus streckte ihm die Hand entgegen. Die Leute sahen, wie es in dem Alten arbeitete. Wie er alles verstanden hatte und doch nicht ja sagen konnte. Am Ende sah er zu Jesus auf und sagte mit harter Stimme: „Nein." Drehte sich um und ging. Mit ihm gingen viele andere, böse über das, was Jesus tat. Andere blieben an der Mauer stehen und sagten: „Es ist wahr. Jesus hat recht."

Jesus blieb an der Hauswand stehen, so daß die Gäste am Tisch und die Leute am Zaun ihn sehen konnten.

„Wie ist das bei euch?" fragte er. „Viele von euch haben Schafe. Stellt euch vor, ihr wandert mit hundert Schafen hinauf auf den Berg bei Bethsaida, wo die Steppe anfängt. Wenn ihr dort oben eure Schafe abends zusammentreibt und sie zählt und wenn ihr dann plötzlich merkt: Da fehlt ja eins! Eines von den Kleinen!, was tut ihr dann? Sagt ihr: ‚Es ist davongelaufen! Selbst schuld! Es soll zusehen, wo es bleibt!'? Oder sagt ihr: ‚Ich muß es suchen!'? Ich glaube, ihr treibt eure Schafe ins Gatter und lauft los. Das Lamm kann ja von einem Felsen abstürzen, es kann sich in der Steppe verirren. Ein Wolf kann es entdecken. Dann ist es verloren. Ich glaube, ein guter Hirt läuft die ganze Nacht und ruft nach ihm und horcht, ob er hört, wenn es blökt. Denn es hat ja Angst. Und wenn er es morgens, wenn es hell wird, irgendwo stehen sieht, dann ruft er es, und es läuft ihm entgegen. Er nimmt es auf den Arm, weil es fast nicht mehr gehen kann, und bringt es zu den anderen. Warum sollen wir nicht ein Fest feiern, wenn einer, der davongelaufen war, heimkehrt?"

Die Eselin Suleika stand immer noch an der Mauer neben Joram, knabberte ein bißchen an dem trockenen Gras und dachte: „Ich kann mir schon denken, wie es zugeht, wenn ein kleines Lamm wegläuft. Vielleicht ist seine Mutter gestorben? Dann sucht es in der Herde herum und ruft und blökt, und die Mutter antwortet nicht, ist einfach nicht da. Es sucht und sucht. Da sieht es in der Ferne einen weißen Fleck. ‚Dort!' denkt es, ‚dort ist die Mutter.' Und läuft und läuft, bis es dort ist. Aber der weiße Fleck ist nicht seine Mutter, sondern ein Felsbrokken. Nun steht es da und blökt und weint und weiß nicht mehr, wo die anderen sind. Ganz klar. Man muß es suchen. Da hat Jesus recht. Es braucht einen Hirten, der aufpaßt und ihm nachgeht.

Die Menschen brauchen ihn auch. Die wissen auch nicht immer, wo der richtige Weg ist. Wie Jesus für die Menschen sorgt und sie sucht, das ist gut." Und ihre Ohren gingen ganz langsam hin und her.

Als die Gäste am Haus des Mattäus alle gegessen und getrunken hatten, standen sie auf; Mattäus verabschiedete sich von seinen Nachbarn, ließ alles stehen und liegen und wanderte mit Jesus und seinen Freunden nach Bethsaida. Als sie dort ankamen, wußten sie: „Jetzt sind wir einer mehr als am Morgen, und Mattäus ist unser Freund."

Als die Leute vor dem Haus des Mattäus auseinanderliefen und die Köpfe schüttelten und sagten: „Den brauchen wir nicht, diesen Jesus", da stand Joram noch immer am Tor und dachte: „Wie sagte mein Großvater, wenn er solche Leute sah? Er sagte: Dummheit und Stolz wachsen auf einem Holz. Aber er sagte immer dazu: Dummheit und Stolz kommen auch bei Eseln vor!"

Die beiden Brüder

Als Jesus den Leuten die Geschichte von den beiden Brüdern erzählte, fiel ihnen eine andere Geschichte ein, in der auch zwei Brüder vorkommen.

Die Geschichte ist sehr alt. Sie geschah lange, bevor Jesus lebte. Es ist die Geschichte von Kain und Abel, den Söhnen von Adam und Eva.

Adam und Eva lebten in dem kleinen Haus, das sie sich gebaut hatten, und arbeiteten auf ihrem Feld. Manchmal liebten sie sich. Manchmal stritten sie. Dann waren sie wieder gut zueinander. Eines Tages bekam Eva ein Kind. Es war ein Junge, und sie war glücklich, als sie ihn auf dem Arm hatte. „Er soll Kain heißen", sagte sie. Als Kain größer wurde und schon selbst laufen konnte und überall im Haus und auf dem Feld spielte, bekam Eva noch ein zweites Kind. Das war auch ein Junge, den nannte sie Abel.

Und Kain sah, daß der kleine Bruder bei der Mutter war, während er draußen spielte. Daß Abel bei der Mutter trinken durfte, daß die Mutter ihn auf dem Arm hatte und ihn küßte und liebte. Wenn Abel schlief, mußte Kain ganz still sein, damit Abel nicht aufwachte. Und Kain dachte: Mich liebt sie nicht so wie Abel. Wenn er nur nicht da wäre!

Es war natürlich verkehrt, was der kleine Kain dachte. Eva liebte sie alle beide. Aber wenn ein Kind klein ist, muß es eben näher bei der Mutter sein. Das größere darf dafür schon viele Dinge tun, die das kleine noch nicht darf. Aber Kain dachte immer nur: Den Abel liebt sie mehr als mich.

Wenn Eva ihm abends eine Geschichte erzählte, in der Gott vorkam, dann dachte Kain: Wahrscheinlich ist das bei Gott auch so, daß er den Abel mehr liebt als mich. Alle lieben Abel mehr als mich. Wenn es den kleinen Kerl nur nicht gäbe, dann wäre alles gut.

Und so ging das durch viele Jahre, bis die beiden groß waren. Kain ging mit seinem Vater auf den Acker und wurde ein Bauer. Abel liebte die Schafe und Ziegen, er sammelte eine große Herde und wurde ein Schäfer.

So hätten sie eigentlich gut nebeneinander leben können. Aber immer, wenn sie einander begegneten, dachte Kain: Der ist schuld, daß mich meine Mutter nicht liebt. Den liebt Gott, und mich liebt er nicht. Wenn es ihn doch nicht gäbe! Er machte sich einen Spieß mit einer scharfen Spitze und dachte sich: Wenn ich ihn wiedersehe, bringe ich ihn um.

Eines Tages hielt er es nicht mehr aus, und als er ihn mit seinen Schafen kommen sah, nahm er einen großen Stein und schlug ihn tot. Als er aber seinen Bruder ganz still liegen sah und merkte, daß er tot war, da fing er an zu laufen. Er warf den Stein weg und rannte. Fort! Fort! dachte er. Er lief fort von zu Hause, damit er seine Mutter nicht sehen mußte, und lief immer weiter und dachte: Ich muß einen Platz finden, wo ich leben kann und wo Gott mich nicht sieht! Und immer fürchtete er, irgendwann werde jemand kommen und auch ihn totschlagen. Immer wieder hörte er eine leise Stimme, die fragte ihn: „Wo ist dein Bruder Abel? Wo ist dein Bruder Abel?"

Aber trotz allem hatte Kain die Liebe Gottes nicht verloren. Gott zeigte ihm einen neuen Platz, an dem er wieder leben und Bauer sein konnte. Er schützte ihn und half ihm, daß er wieder Ruhe fand.

In allen Menschen ist etwas von Kain. Es geht ganz schnell, daß einer denkt: „Der hat mehr als ich. Ich muß ihm etwas wegnehmen." Oder: „Den haben die anderen lieber als mich. Es ginge mir bestimmt besser, wenn es ihn nicht gäbe."

Deshalb gibt es auf der Erde so viel Krieg. Die Menschen streiten und reden Böses übereinander. Jeder will mehr sein und der erste sein und will den anderen auf die Seite drängen. „Holla", sagt einer, „jetzt komme ich, und wenn mir einer im Weg steht, dann boxe ich ihn weg."

Das ist in allen Menschen drin. Aber eigentlich müßte es nicht so sein. Eigentlich könnten die Menchen auch im Frieden leben und jeder am anderen einen Freund haben. Schöner wäre es auf alle Fälle.

Deshalb hat Gott sich Gedanken gemacht, wie er den Menschen helfen könnte, miteinander im Frieden zu leben, und wie sie Vertrauen zu ihm finden könnten. Und er sandte ihnen Jesus, den Mann, der die Geschichte von den beiden Brüdern und ihrem Vater erzählt hat.

Eine glückliche Frau

Eines Tages kam Jesus mit seinen Freunden wieder in ein Dorf und erzählte den Leuten Geschichten über das Reich Gottes. Als es um die Mittagszeit heiß wurde, gingen alle nach Hause zum Essen. Einer, ein würdiger Mann, sagte zu Jesus: „Ich möchte, daß du und deine Jünger zu mir kommen. Darf ich euch einladen?" „Gerne", sagte Jesus, denn sie hatten alle Hunger. Und er ging mit dem Mann in sein Haus. Der Mann hieß Simon.

Drinnen setzten sie sich nicht wie bei uns auf Stühle um einen Tisch, sondern sie hatten flache Polster auf der Erde. Darauf legten sie sich und nahmen das Essen von niedrigen Tischchen.

Draußen auf der Straße stand eine Frau und sah zu, wie die Gäste hineingingen und die Tür sich schloß. „So stehe ich immer draußen", sagte sie zu sich selber. „Niemand will mich haben. Niemand redet mit mir. Alle sagen: Scher dich, wohin du willst. Und wenn gar ein heiliger Mann wie dieser Jesus kommt und ich mit ihm sprechen

möchte, laden ihn immer andere zum Essen ein, und ich stehe draußen."

„Die Frau ist böse!" sagte man im Dorf. Vielleicht hatte sie gestohlen oder betrogen, vielleicht hatte sie ihren Mann und ihre Kinder verlassen oder über andere Menschen böse geredet. Das ist nicht so wichtig. Jedenfalls sagten die Leute: „Sie ist ein böses Weib." Und wenn man das einmal gesagt hat, dann glaubt man, daß sie zu allem fähig ist. Dann traut man ihr auch zu, daß sie Häuser anzündet, andere Leute vergiftet und kleine Kinder stiehlt. So eine Frau war sie. Nein, so war sie nicht. So haben die anderen von ihr geredet.

Nun stand sie also draußen auf der Straße, und im Haus war der Meister aus Nazaret. Von dem wußte sie: Er hat ein Herz für Kranke und Arme und auch für die, die keiner sonst mag. Da fiel ihr etwas ein, und sie rannte, so schnell sie konnte, nach Hause. Dort hatte sie eine Truhe. In der lagen ihre besten Sachen. Sie schloß auf und holte aus dem untersten Winkel eine kleine Flasche. In der war das Kostbarste, was sie hatte: ein sehr teures, wohlriechendes Salböl. Etwas Schöneres und Wertvolleres konnte sie niemand schenken. Sie hatte es einmal von all ihrem Geld gekauft, weil es ja sein könnte, daß sie einmal einen Gast haben würde, den sie sehr liebte. Und einem solchen Gast, dem man zeigen wollte, daß man ihn liebt, rieb man damals das Haar mit einem solchen Öl ein, so daß das ganze Haus davon duftete. „Ja", sagte sie, „das ist es!"

Sie nahm das Fläschchen unter ihr Schultertuch und lief wieder zu dem Haus, in dem Jesus war. Sie zitterte vor Freude, daß sie Jesus besuchen würde. Aber vor der Tür blieb sie stehen. „Eigentlich darf ich ja gar nicht hinein", sagte sie. „Sie werfen mich hinaus." Denn zu einem solchen Essen waren nur Männer zugelassen, keine Frauen, und eine solche Frau wie sie schon gar nicht. Aber dann preßte sie die Lippen zusammen und dachte: „Jetzt oder nie!", öffnete die Tür und stand mitten im Zimmer. Die Männer fuhren herum. „Was will denn die?" dachten sie. Beim ersten Blick sah sie: Dort ist Jesus!, ließ sich bei seinen Füßen auf die Erde fallen und weinte vor Jammer und vor Glück. Die Tränen liefen ihr übers Gesicht und tropften Jesus auf die Füße. Da erschrak sie, und weil ihr langes Haar ihr übers Gesicht hing, nahm sie ihre Haare und trocknete Jesus die Füße ab. Dann brach sie dem Fläschchen den Hals ab – so machte man damals eine Flasche auf –, ließ Jesus das Salböl über die Füße laufen und rieb sie damit ein. Und das ganze Zimmer war voll von dem starken, wunderbaren Duft. Es war ganz still, und niemand sagte ein Wort.

Sie hatte keine Angst vor dem Hausherrn, dem strengen, würdigen Mann, und auch nicht davor, daß er sie hinausweisen würde. Aber sie zitterte, wenn sie dachte: „Wenn nur Jesus mich nicht hinausschickt!"

Inzwischen machte sich der Hausherr seine Gedanken. Nicht über die Frau, sondern über Jesus: „Dieser Jesus sagt von sich, er komme von Gott. Wenn aber jemand von Gott gesandt ist, dann muß er es merken, wenn ein schlechter Mensch ihn anfaßt, und er muß sich dagegen wehren. Aber Jesus wehrt sich nicht. Wenn er wirklich von Gott kommt, dann muß er merken, wie böse diese Frau ist, und muß sie hinauswerfen. Aber er wirft sie nicht hinaus. Also kann Jesus nicht der Bote Gottes sein. Also ist er ein Betrüger."

Jesus merkte wohl, warum die Frau gekommen war, warum sie weinte und warum sie ihm diese kostbare Salbe schenkte. Er sah den Menschen ins Herz. Er sah, daß sie zitterte vor Angst, er könnte sie wegschicken. Er sah aber auch, was im Kopf des Hausherrn vorging, und sagte: „Simon, ich möchte dir etwas sagen." „Ja, bitte", antwortete der. „So hör zu! Ein reicher Mann lieh zwei Männern Geld. Dem einen lieh er fünfhundert Mark, dem anderen fünfzig. Beide konnten es ihm aber nicht zurückzahlen, da schenkte er beiden ihre Schuld. Was meinst du, welcher von den beiden wird glücklicher und dankbarer sein?" Simon sagte: „Ich denke der, dem er mehr Schulden geschenkt hat." „Richtig", antwortete Jesus. „Und nun sieh dir die Frau an! Als ich in dein Haus kam, hast du mir kein Wasser gegeben, daß ich mir den Staub von der Straße hätte von den Füßen abwaschen können. Aber diese Frau hat sie mit ihren Tränen gewaschen und mit ihrem Haar getrocknet. Du hast mir keinen Kuß gegeben, als ich hereinkam, aber diese Frau küßt mir, seit sie da ist, unaufhörlich die Füße. Du hast mir keine Salbe für mein Haar gegeben, aber sie gab ihre kostbare Salbe sogar für meine Füße.

Bei ihr spürt man, daß sie liebt, bei dir nicht. Daran kannst du eines sehen: Wer von Gott viel Liebe bekommen hat, der hat ein reiches Herz und kann viel Liebe weitergeben. Wer aber von Gott wenig bekommen hat, der hat ein armes Herz und kann wenig Liebe geben. An ihr siehst du, daß Gott ihr viel Schuld vergeben hat. Wenn aber Gott sie liebt, liebe ich sie auch."

Da wurde das Gesicht des Simon dunkelrot vor Zorn. Aber weil Jesus sein Gast war, durfte er sich nichts anmerken lassen. Und Jesus wandte sich der Frau zu: „Gott liebt dich. Du bist sein Kind und gehörst zu den Kindern Gottes. Es ist alles gut."

Als er das sagte, schüttelten einige von den anderen Gästen die Köpfe und sagten: „Woher weiß der, wen Gott liebt? Der kann doch nicht einfach sagen: Gott hat dir deine Schuld abgenommen!" Denn sie gönnten der Frau nicht, daß Jesus so freundlich mit ihr sprach. Und sie schauten ebenso finster drein wie der Hausherr.

Jesus aber sah die Frau mit einem freundlichen Lächeln an und sagte: „Daß du so viel Vertrauen zu mir gehabt hast, hat dir geholfen. Es ist alles gut. Geh nun und sei glücklich." Die Frau stand auf und ging leise durch die Tür, und als sie durchs Dorf heimlief, strahlte sie wie die Sonne, breitete die Arme weit aus und dachte: „Nun sollen sie sagen, was sie wollen. Ich war bei ihm! Nun ist alles gut!"

Der Mann auf dem Baum

An einem anderen Tag geschah etwas ganz Ähnliches noch einmal. Und diesmal war es ein Mann, der am Ende glücklich war.

Der wohnte in Jericho, unten am Jordan, dort, wo auch Johannes lebte, in der schönen Oasenstadt mitten in der Wüste. Dort war eine Grenze und eine Zollstelle, genau wie in Kafarnaum, und der Mann war ein Zöllner wie Mattäus. Nur, er war noch mächtiger und noch reicher. Er war der Chef aller Zöllner in der ganzen Gegend und auf allen Brücken, die über den Jordan in das fremde Land führten. Er hieß Zachäus. Alle Leute von Jericho haßten ihn und sagten: „Von unserem Geld ist er so reich geworden!" Und alle hatten Angst vor ihm.

Aber Zachäus, der so viele Häuser und Gärten besaß, war nicht glücklich. Er hatte alles, was er wollte, Pferde und Wagen, Kleider und Schmuck und Geld. Aber er hatte keine Freunde. Er war einsam. Und er wäre gerne ein anderer Mensch gewesen als er war. Wenn er auf die Straße ging, dann machten die anderen die Fenster und die Türen zu, und wenn er zwischen den Leuten auf dem Markt umherging, dann waren alle stumm, als könnten sie nicht reden. Erst wenn er vorbei war, redeten sie weiter. Er war allein.

Eines Tages hörte er die Kaufleute am Zollhaus von Jesus reden: „Der ist ein großer, heiliger Mann. Gott hat ihn gesandt. Und das Besondere an ihm ist: Er kümmert sich um alle. Er schickt niemand fort. Ob die Menschen gut oder böse sind, groß oder klein, reich oder arm, ob sie klug sind oder dumm, er liebt sie alle." „Alle?" fragte sich Zachäus. „Auch mich? Das ist eigentlich unmöglich. Den will ich sehen."

Am anderen Tag hörte er die Leute sagen: „Jesus kommt nach Jericho! Übermorgen wird er da sein." Sie waren ganz aufgeregt. Am nächsten Tag ging die Rede durchs Dorf: „Morgen kommt er!" Und am übernächsten Morgen liefen die Leute vor die Häuser. Sie kamen von den Feldern und blieben an der Straße stehen. Da mußte er ja vorbeikommen. Die Väter nahmen ihre Kinder auf die Schultern. Auf den Dächern saßen die Mädchen und die Jungen, weil sie ihn von dort aus am besten sehen konnten. Alle Dächer waren voll.

Zachäus zog sein schönstes Kleid an, es war leuchtend rot, und ging an die Straße. Aber er blieb in der Menge stecken. Er kam nicht durch. Wenn er sich zwischen den Leuten durchdrängen wollte, hörte er, wie sie sagten: „Da kommt der Obergauner!" Und sie rückten dichter zusammen, damit er nicht durchkam.

Von hinten aber konnte er nichts sehen. Das war bitter. Er war nämlich kleiner als die anderen Leute. Schon in der Schule war er immer der Kleinste gewesen. Und als er Zöllner wurde, nannten sie ihn den kleinen Zachäus. Aber dann zeigte er es ihnen. Er arbeitete mehr als die anderen, holte den Händlern mehr Geld aus der Tasche als alle anderen und wurde schließlich der Chef. Aber klein war er immer noch, obwohl er der große Obergauner war. Und heute, ja, heute stand er im Gedränge und sah nichts, und vielleicht kam, ein einziges Mal in seinem Leben, der Mann hier vorbei, der vielleicht auch für ihn, den kleinen, großen Zachäus, ein Herz hatte.

Da tat Zachäus etwas, daß den Leuten der Mund offenstehen blieb. „Was macht der?" fragten sie. „Was hat der vor?" Und sie starrten auf den kleinen Mann. Der stieg in seinem prächtigen, leuchtend roten Gewand auf einen Zaun und griff nach einem Ast, der von einem großen Baum auf die Straße hinüberhing. Er zog sich hinauf und saß oben. Und griff nach einem noch höheren Ast, zog sich hinauf und saß ganz oben. Saß tatsächlich oben auf dem Baum über der Straße und schaute herab. „Zachäus auf dem Baum!" schrien die Leute und lachten, lachten vor Vergnügen. „Der vornehme Zachäus auf dem Ast! Leute, schaut euch das an!" Und sie lachten die Straße hinauf und hinunter über den komischen vornehmen Mann, der wie eine rote Rübe auf dem Baum leuchtete. Und sie wünschten ihm, er möge doch herunterfallen und sich den Hals brechen. Aber das sagten sie nicht laut, sondern nur leise zueinander: „Den Hals soll er brechen!"

Dann gab es ein Geschrei: „Er kommt! Er ist da!" Und wirklich kam Jesus, zu Fuß, die Straße entlang zwischen den Menschen, und mit ihm seine zwölf Begleiter und viele andere Männer und Frauen, die mit ihm unterwegs waren. Ein langer Zug. Und die Leute schrien vor Begeisterung: „Ein Hoch dem Propheten Jesus! Gott sei Dank, daß du kommst!"

Da blieb Jesus plötzlich stehen und sah dort hinauf, wo Zachäus saß. Er kannte ihn. Er war ja früher schon in Jericho gewesen und wußte: Das ist der Schlimmste von allen. Langsam ging er näher an den Baum heran und sah: Dieser kleine Mann nahm den Spott aller Leute von Jericho auf sich, nur weil er ihn, Jesus, sehen wollte. Er sah die dunklen Augen, in denen nur ein Wunsch war: Ich muß Jesus sehen. Er sah, daß Zachäus sich sein vorneh-

mes Gewand an dem Baum schmutzig gemacht hatte und daß ihm das ganz unwichtig war. Wichtig war ihm, Jesus zu sehen. Und Jesus rief hinauf: „Zachäus! Komm herunter! Ich möchte zu Mittag in deinem Haus einkehren!"

Da ließ sich Zachäus auf den unteren Ast herunter und vom unteren Ast auf den Zaun. Aber die Leute lachten nicht mehr, sondern bissen die Zähne zusammen. „Das hat noch gefehlt!" zischten sie. „Ausgerechnet bei dem!" Und die gerade eben noch gerufen hatten: „Ein Hoch dem Propheten Jesus! Gott sei Dank, daß du kommst!", die standen nun da mit bösen Gesichtern: „Bei dem will er essen. Nicht bei einem ordentlichen Menschen! Nicht bei uns! Sondern bei dem. Warum sind wir eigentlich gekommen? Wegen diesem Jesus? Auf den können wir verzichten." Sie liefen auseinander, jeder nach Hause oder auf seinen Akker, und die Straße war leer, nur Jesus und Zachäus und die Begleiter von Jesus standen da. Und an den Ecken blieben die Leute von Jericho in kleinen Haufen stehen und sagten: „Den brauchen wir nicht."

Zachäus traute sich kaum, zu Jesus zu kommen. Aber er zwang sich und sagte: „Dort drüben bin ich zu Hause, Meister! Komm! Kommt alle!" Und er ließ ein großes Festessen zurichten, die Mägde schmückten das Haus und backten Kuchen, und alle waren fröhlich. Am fröhlichsten aber war Zachäus, als er Jesus und seinen Begleitern seinen Garten und sein Haus zeigte.

Aber da fiel ihm ein, daß er dieses schöne Haus ja besaß, weil er ein Betrüger war und andere Leute arm gemacht hatte. Und er dachte während des ganzen Essens: „Ich muß etwas tun. Das kann so nicht bleiben. Es muß anders werden bei mir. Aber wie?"

Nach dem Essen wußte er es. Er ging zu Jesus hin und sagte: „Meister, ich will anders werden. Ich will die Hälfte aller meiner Gärten und Häuser und Felder verkaufen und das Geld, das ich dafür bekomme, an die Armen von Jericho verteilen. Und wenn mir einer einfällt, den ich besonders betrogen habe, dann will ich ihm alles zurückgeben, noch mehr als das, was ich ihm schuldig bin." Und Jesus sah ihn lächelnd an und sagte: „Wie schön, Zachäus!"

Und zu den anderen sagte er: „Hört alle, was Zachäus tun will! Ist es nicht schön, daß er wieder zu uns gehören will, auch zu den Armen und zu seinen Nachbarn, überhaupt zu allen Menschen? Ja, Zachäus, du gehörst wieder zu uns. Für immer.

Dazu bin ich da, daß ich mich nach denen umsehe, die keiner mag, und nach denen suche, die allein sind und von den anderen verstoßen. Denn auch sie sollen heimkommen zu ihrem Vater im Himmel."

Und Jesus sagte Zachäus und seiner ganzen Familie Lebewohl, auch den Kindern, und wanderte weiter.

„Schluß jetzt, Laila, wir müssen schlafen."
„Nein, nicht schlafen! Ich will noch mehr Geschichten hören!"
„Morgen wieder. Gute Nacht. Schlaf gut."

Wie sie alle satt wurden

Es war an einem schönen, sonnigen Morgen, und Jesus und seine Begleiter wanderten hinunter zum See. Sie waren müde, obwohl es Morgen war. „Nun sind wir seit vielen Wochen unterwegs", sagte einer. „Immerfort sind Menschen um uns her. Wir müssen sie anhören. Wir müssen mit ihnen reden. Die Kranken wollen zu Jesus, und wir müssen sorgen, daß immer einer nach dem anderen kommt. Das geht von morgens bis abends. Nicht einmal zum Essen haben wir Zeit."

Jesus merkte, was sie dachten, blieb stehen und sagte: „Ich glaube, wir müssen einen Tag Ruhe haben. Wir fahren über den See hinüber, dorthin, wo das Gebirge anfängt, und bleiben einen Tag allein." So gingen sie hinunter an den Hafen, stiegen in ein Schiff und sagten zu dem Fischer: „Bitte, fahr uns ans andere Ufer hinüber!"

Aber die Leute im Hafen warteten schon auf Jesus, und als sie sahen, daß er hinüberfuhr, liefen sie das Ufer entlang um den See herum und wollten ihn auf der anderen Seite suchen.

Raffael war gerade an Land gegangen, hatte Joram angeschirrt und wollte mit dem Wagen voll Fische zum Markt gehen. Ich habe heute nichts weiter vor, dachte er, als er sah, wie die Leute den See entlang liefen, um Jesus zu treffen. Er lud die Fische auf dem Markt ab, ließ den Wagen vor seinem Haus stehen und sagte zu Joram: „Komm, wir wollen wieder einmal Jesus zuhören!" Er setzte sich auf den Esel, und der trabte fleißig ans andere Ufer.

Auch David hörte, als er heimkam, Jesus sei drüben am anderen Ufer. Er rief seiner Mutter zu: „Ich bin heute abend wieder da!" und lief los.

Am anderen Ufer stieg Jesus aus dem Schiff und ging mit seinen Freunden den steilen Weg auf den Berg hinauf, den man den Golan heißt; dort wollte er mit ihnen allein sein. Aber die Leute sagten es einander: „Dort ist Jesus im Schiff!" „Dort ist er an Land gegangen!" „Dort geht er den Berg hinauf!" Und als Jesus auf dem Berg war, sah er, daß von allen Seiten die Menschen zusammenströmten und ihn suchten.

„Mit unserer Ruhe wird es nichts!" sagten die Jünger. Und Jesus sah, wie die Leute viele Kranke auf Tragbetten dahertrugen. Er sah, daß sie ihn einfach brauchten. Und es tat ihm weh im Herzen, daß es gar niemand gab, der sich um sie kümmerte. Er war der einzige. Sie kamen ihm vor wie eine große Herde Schafe, die keinen Hirten hat. Schafe brauchen ja einen Hirten, der sie dorthin führt, wo es Gras gibt und Wasser, und der sie abends heimbringt in ihren Stall.

Er ließ sich die Kranken hertragen und hörte ihre Klagen an, sagte ihnen, wie sie gesund werden könnten, und half ihnen. Das ging den ganzen Tag. Als abends die Sonne tief über dem See stand, kamen die Jünger zu Jesus und sagten: „Es ist hier einsam. Es wird Abend und ist schon kalt, und die Leute haben nichts zu essen. Sie sollen in die nächsten Dörfer gehen, hinunter an den See, und sich Brot kaufen."

Aber Jesus lächelte und sagte: „Gebt doch ihr ihnen zu essen!" „Wir?" fragten sie. „Sollen wir denn für tausend Mark Brot zusammenkaufen?" Jesus fragte: „Wie viele Brote habt ihr?" „Fünf", sagten sie. „Und zwei getrocknete Fische. Das ist alles."

Während die Jünger noch dastanden und nicht wußten, was sie tun sollten, rief Jesus den Leuten zu, sie sollten sich ins Gras setzen, immer in Gruppen, so als säßen sie um viele Tische. Sie setzten sich in Gruppen über die weite Wiese hin, viele, viele Menschen, so daß man sie kaum zählen konnte. Und als sie alle zu ihm hinschauten und nicht wußten, was das bedeuten sollte, nahm er die fünf Brote, eins nach dem anderen, in die Hand und auch die Fische, sah auf zum Himmel und betete: „Vater, segne diese Brote und Fische und mach uns satt. Wir danken dir." Dann brach er die Brote in kleine Stücke und gab sie den Jüngern, und die gaben sie weiter an die Leute. Auch die Fische teilte er in kleinen Stücken aus.

Da geschah etwas, was sie sich alle nicht erklären konnten. Am Ende standen sie auf und sagten: „Jetzt haben wir so wenig gegessen und sind doch satt! Wie ist das möglich?" fragten die Leute und redeten aufgeregt durcheinander.

Überall standen sie in Gruppen herum und redeten. Plötzlich sprang einer auf einen Felsklotz, so daß alle ihn sahen, und rief: „Es lebe der König Jesus!" „Ja!" riefen die Leute durcheinander. „Jesus soll König sein!" Und sie klatschten in die Hände und riefen: „Ja, so einen König brauchen wir! Er soll König sein!"

„Wo ist Jesus?" fragte der Mann auf dem Felsbrocken. „Ja, wo ist Jesus?" riefen die Leute. Aber Jesus war, als der Mann das erstemal gerufen hatte: „Es lebe der König Jesus!" rasch weggegangen, und so viel sie auch riefen und suchten, sie konnten ihn nicht finden. „Wo ist Jesus? Wir wollen den König Jesus sehen!" so lärmten die Leute.

Jesus war inzwischen weiter ins Gebirge hinaufgestiegen. Er stand nun allein oben und sah hinunter auf die Menschenmenge und auf den See und auf das Tal des Jordan. Er dachte an den Tag, an dem Johannes ihn getauft hatte. „Nein, der König, den ihr wollt, der bin ich nicht. Ich will das Reich Gottes, nicht irgendein Königreich. Und wer das Reich Gottes will, der trägt keine Krone. Der muß bereit sein, alles herzugeben, auch das eigene Leben, damit die Menschen Gott finden."

Und er blieb oben in den Bergen, bis es Nacht war, während die Menschenmenge ihn suchte und sich allmählich verlief.

Joram stand ein wenig abseits. Er hatte so viel schönes Gras gefunden, daß er gar keine Lust hatte, heimzugehen. Als er hörte, wie die Leute staunten und sagten: „Wie kann man so ein Wunder begreifen?", da sagte er: „Mein Großvater sagte immer: ‚Man soll nicht das Gras wachsen hören, sondern fressen, wenn man es findet, und dankbar sein.'"

Und als Raffael rief: „Joram!", da tat Joram so, als hörte er nicht. „Was hat mein Großvater gesagt?" dachte er. „Wenn er keine Lust hatte, zu gehen, dann sagte er: ‚Langsam wächst die Eiche!' und blieb stehen. Das ist richtig."

Aber dann kam Raffael, klopfte ihm an den Hals und sagte: „Auf, Joram, auch wenn es hier oben noch so schön ist! David und ich müssen heute nacht noch ausfahren!"

Als Raffael und David miteinander zum See hinuntergingen, fragte David: „Wie kann das sein, daß diese vielen Menschen von so wenig Brot satt geworden sind?" Nach einer Weile antwortete Raffael: „Ich glaube, das ist wie mit den Engeln. Die kann man so erklären oder auch so, aber dahinter ist ein Geheimnis.

Ich kann mir denken, daß viele von den Leuten ihr Brot in der Tasche hatten. Ich auch. Andere hatten nichts. Als aber Jesus vom Reich Gottes sprach, und wir merkten, was für eine große Liebe von diesem Mann ausging, da konnten wir einander auch ein wenig mehr lieben. Da merkten wir, daß das Brot in unseren Taschen auch für die bestimmt war, die neben uns saßen.Und dann gingen die Taschen auf, und die Brote gingen von Hand zu Hand, und jeder bekam etwas zu essen.

Man kann es auch anders erklären: Weißt du, ich glaube, man wird nicht nur vom Essen satt. Wenn jemand glücklich ist, kann es sein, daß er zum Essen gar nicht mehr viel braucht. Wer Jesus begegnet, der wird durch ihn in seinem Herzen satt. Einfach dadurch, daß Jesus zu einem spricht. Man lebt auch davon, daß man weiß: Gott liebt mich. Und man bekommt auf geheimnisvolle Weise, was man zum Leben braucht. Ich glaube, das ist es.

Aber das verstehen die Leute nicht. Sie meinen, Jesus müsse ihr König sein, damit sie immer genug zu essen haben. Aber so ein König ist Jesus nicht."

Es war schon fast dunkel, als sie zu Hause in Kafarnaum waren. Und als sie in ihrem Schiff saßen, sagte David: „Ich glaube, wenn die Menschen ein-

ander mehr liebten, dann gäbe es viel mehr Brot für alle, und es brauchte niemand zu hungern. Ist das so?" „Es ist genau so", antwortete Raffael.

Während Joram seinen Herrn heimwärts trug, hatte er viel nachzudenken, denn ihm war irgend etwas eingefallen. Er erinnerte sich dunkel an etwas, das er früher einmal gehört hatte. Durch das merkwürdige Erlebnis mit dem Brot kam er darauf: Wie war das nur? Da ist Jesus. Der kommt von Gott und spricht mit den Menschen und feiert ein Essen mit ihnen. Und wenn man es richtig betrachtet, dann sitzen sie mit Gott zu Tisch und werden satt. Weniger vom Brot als von dem, was ihnen Jesus sagt.

Mein Großvater hat mir da doch einmal eine ganz alte Geschichte erzählt. Er hat gesagt: „Wer keine Geschichten weiß, bleibt dumm." Wenn er einen sah, dem keine Geschichten einfielen, pflegte er zu sagen: „Wenn ein Frosch im Brunnen sitzt, meint er, der Himmel sei so groß wie das Brunnenloch."

Allmählich fiel es ihm ein. Er hatte ja Zeit, und der Weg war lang. „Das muß sehr lange her sein", dachte er. „Mehr als tausend Jahre. Da war auch so ein Abendessen. Da kam Gott wie ein Wanderer und war bei einem Mann namens Abraham zu Gast. Aber eigentlich war Abraham bei Gott zu Gast und wurde satt von einem Wort, das Gott zu ihm sprach."

Und als Joram tief in der Nacht in seinem Stall stand, fiel ihm die ganze Geschichte wieder ein.

Abraham und seine Gäste

Es war viele, viele Jahre, ehe Jesus da war. Da lebte weit im Osten, dort, woher die Sterndeuter gekommen waren, ein Mann. Der hieß Abraham. Er war ein Hirt und zog mit seinen Schafen und Ziegen und Eseln von einem Weideplatz zum anderen und von einem Brunnen zum anderen, wie es die Hirten in jenem Land überall tun.

Das Land war heiß und kahl. Es gab keine Bäume, nur Sand, so weit man schaute, und ein wenig Gras. Aber Abraham und seine Frau Sara waren zufrieden. Es war ihre Heimat. Sie lebten gerne in ihrem Zelt, das sie aus dem Haar der Ziegen gemacht hatten, und wollten gar nicht in einem Haus leben. Sie wanderten mit ihren Tieren und waren überall nur ein paar Tage. Dann zogen sie weiter.

Einmal stand Abraham in einer klaren Nacht unter dem strahlenden Sternhimmel und horchte. Manchmal bellte ein Wolf, aber sonst war es ganz still. Als er so dastand und zu den Sternen hinaufsah, war ihm, als ob jemand etwas zu ihm sagte. Er spürte einen warmen Wind und hörte eine Stimme, die klang wie ein leiser Windhauch:

„Abraham!
Abraham! Brich dein Zelt ab.
Du hast eine lange Reise vor dir.
Verlasse dieses Land,
in dem du zu Hause bist.
Verlaß deine Freunde
und deine Verwandten.
Zieh in ein anderes Land!
Ich will es dir zeigen.
Achte auf meine Stimme.
Ich habe ein Land für dich.
Dort soll aus dir und deinen Kindern
ein großes Volk werden.
Ich will dich behüten.
Ich will dich segnen."

Dann war wieder alles still. „Das kommt von Gott!" dachte Abraham. Er fühlte, daß Gott nah bei ihm war, und obwohl er allein in der weiten Ebene stand und kein Mensch bei ihm war, fühlte er sich sicher und geborgen. Er vertraute Gott, wie ein Vogel, der sich an eine Schulter oder in eine Hand schmiegt, wenn er großes Vertrauen hat.

Und Abraham wanderte mit seiner Frau Sara und mit seinen Knechten und Mägden und allen seinen Tieren nach Westen, immer dorthin, wo die Sonne untergeht. Es war derselbe Weg, den viele, viele Jahre später die drei Sterndeuter aus ihrer Heimat nach Betlehem zogen, als sie das Kind besuchten. Aber Abraham hatte keinen Stern, der ihm sagte, wohin die Reise gehe. Er hatte nur die leise Stimme, auf die er horchte, wenn es Nacht war und die anderen schliefen. Er wanderte und wartete darauf, daß die leise Stimme ihm einmal sagen würde: „Hier darfst du bleiben. Das ist das Land, das ich meine." Und immer, wenn seine Frau morgens fragte: „Dürfen wir hier bleiben?", mußte er ihr sagen: „Noch nicht."

Als er aber nach langer Zeit abends unter einem alten Baum saß und ins Land schaute, hörte er wieder die Stimme, die so leise war wie ein ganz leichter Wind: „Hier darfst du bleiben. Das ist das Land, das dir gehören soll. Dir und deinen Kindern."

Und Abraham hörte die Stimme sagen: „Ich führe dich. Ich schütze dich. Ich bin um dich. Deine Kinder sollen einmal auf dieser schönen Erde leben. Schau hinauf zu den Sternen. So viele werden es sein, wie Sterne am Himmel sind."

Abraham sah sich um. Es war keine Wüste wie seine Heimat, sondern ein schönes, fruchtbares Land mit vielen Bäumen und Wiesen, mit Quellen und Bächen. Es war wunderschön. Und Abraham sagte: „Ich danke dir, Gott." Er blieb in dem Land, zog mit seinen Schafen von einer Weide zur anderen, wie es die Hirten auch in diesem Land taten, und schlug immer wieder an einem anderen Platz sein Zelt auf.

Nur eins konnte er nicht verstehen. Gott hatte gesagt: Deine Kinder sollen hier wohnen. Aber Abraham hatte ja gar keine Kinder, und er war schon so alt, daß er hätte Großvater sein kön-

nen. Wem sollte er seine Schafe und Esel und Kamele einmal geben, wenn er doch keine Kinder hatte? Er war traurig, und auch seine Frau Sara hätte so gern ein Kind gehabt.

Einmal war er mit seinen Schafen in der Nähe der Höhle, in der viele Jahre später Jesus geboren wurde. Es war ein heißer Mittag. Er saß im Schatten seines Zelts und ruhte von der Arbeit aus, und auch Sara ruhte im Zelt.

Niemand war in der Nähe. Das Land lag weit und offen vor ihm, und seine Schafe grasten nicht weit von ihm auf einer Wiese. Aber plötzlich – er hatte sie nicht kommen sehen und hatte auch keine Schritte gehört – plötzlich standen drei Männer vor ihm. Abraham erschrak, denn er konnte sich nicht erklären, wie sie hergekommen waren. Er sprang auf, ging ihnen entgegen, verneigte sich vor ihnen und sagte: „Wenn ihr es freundlich mit mir meint, dann seid meine Gäste! Ich will euch Wasser holen, daß ihr eure Füße erfrischen könnt. Laßt euch unter dem Baum nieder. Ich möchte euch etwas zu essen bringen, ehe ihr weitergeht." Sie antworteten: „Gern. Ich bin gern dein Gast", und setzten sich unter den großen alten Baum in den Schatten.

Abraham ging zurück ins Zelt und sagte zu Sara: „Schnell! Backe Kuchen! Nimm das feinste Mehl, das du hast." Und er machte ein Feuer, kochte ein großes, festliches Essen und setzte es den Männern vor. Und während sie saßen und speisten, blieb er wie ein Diener vor ihnen unter dem Baum stehen.

Aber es schien ihm alles sehr merkwürdig. Manchmal meinte er, es sei nur einer da, dann wieder sah er drei unter dem Baum sitzen. Und hatten die drei vorhin nicht gesagt: „Ich bin gern dein Gast"? Wie konnten sie so sprechen, wenn sie doch zu dritt waren? Sie müßten doch sagen: Wir sind gerne deine Gäste ...

Allmählich verstand er, daß in den drei Männern Gott verborgen war. Er wußte ja, daß Gott manchmal an uns vorbeigeht und wir meinen, er sei ein Mensch. Auch Jesus hat ja gesagt: „Wer einen armen Menschen zu sich einlädt, bei dem ist Gott zu Gast."

Als sie gegessen hatten, fingen die Männer an zu reden und fragten: „Wo ist deine Frau Sara?" Abraham sagte: „Sie ist drinnen im Zelt." Da sagten sie: „Ich will in einem Jahr wiederkommen, dann wird Sara einen Sohn haben."

Das hörte Sara im Zelt und lachte: „Nun bin ich alt wie eine Großmutter und soll noch ein Kind haben!" Aber genau das hatte Gott gemeint, auch wenn sie es nicht glauben wollte. Die Männer standen auf, und Abraham begleitete sie noch ein Stück.

Und wirklich: Nach einem Jahr bekam Sara ein Kind. Es war ein Sohn. Sie nannten ihn Isaak, und sie waren glücklich mit ihm.

Was die Liebe kann

Fünf Männer auf dem Dach

Eines Tages kam Jesus wieder nach Kafarnaum. Und weil er immer bei Petrus zu Gast war, wenn er dort blieb, so ging er durch die Gassen, am Hafen vorbei, zum Haus des Petrus. Da sahen ihn die Leute, ließen ihre Karren stehen und liefen hinter ihm her, sie kamen aus den Häusern und aus den Booten und strömten am Haus des Petrus zusammen. Wer daheim einen Kranken hatte, der brachte ihn gleich mit. Denn Jesus konnte ja Kranke heilen. Als Jesus die Familie des Petrus im Haus begrüßte, stand schon der ganze Garten bis zum Zaun und zur Straße voll von Menschen und vor allem von Kranken. Es kam niemand mehr durch, und wer vor der Tür stand, konnte sich kaum mehr umdrehen.

Da kamen zuletzt vier Männer, die trugen ein Holzgestell. Darauf lag ein Mann, der nicht gehen konnte, er hatte die Gicht. Die Männer sagten sich: „Wenn da einer helfen kann, dann ist es Jesus." Aber die Leute standen so eng, daß die vier schon auf der Straße steckenblieben. Sie schauten einander an. Plötzlich sagte einer: „Ich habe eine Idee! Wir gehen ums Haus herum und steigen aufs Dach!"

„Richtig!" sagten die anderen. „Wir gehen aufs Dach." Und sie stiegen von hinten über die Mauer in den Garten, nahmen sich dort eine Hacke, zwei kletterten aufs Dach und zogen den Kranken an Stricken hinauf, und die beiden anderen kamen nach. Und dann fing einer an, mit der Hacke das Lehmdach aufzuschlagen.

Die Leute standen unten und schauten hinauf und sagten: „Das dürft ihr doch nicht! Das Dach geht ja kaputt! Was meint ihr, was Petrus da sagt! Und Jesus!"

Da hörten sie einen Augenblick auf zu hacken und sagten: „Ja, was wird Jesus sagen, wenn wir das Dach über seinem Kopf kaputtmachen?" Aber dann hackten sie gleich weiter: „Es hilft ja nichts! Wir müssen zu ihm ins Haus kommen! Und wenn die Tür verstopft ist, dann durchs Dach!"

Während Jesus innen mit den Leuten redete, hackten die Männer über seinem Kopf. Rums! Rums! schlugen die Männer. Innen fiel der Staub von der Decke, Lehm rieselte herab. Dann ging ein Loch auf, und der Lehm fiel in großen Stücken herunter. Da sah Jesus, daß die Männer oben einen Kranken bei sich hatten. Er dachte: „Wie groß muß der Jammer dieser Leute sein, daß sie so etwas machen! Wie groß muß ihr Vertrauen sein, daß sie denken, ich würde mich nicht ärgern, sondern ihnen helfen!"

Schließlich war die Öffnung groß genug, und sie ließen den Kranken auf seinem Gestell langsam hinunter; die Leute gingen zur Seite, und der Kranke kam gerade vor den Füßen von Jesus auf den Fußboden. Da lag er nun. Jesus tat es in der Seele weh, als er den kranken Menschen sah und hörte, daß es keinen Arzt gebe, der ihm helfen könne.

Aber dann tat Jesus nicht das, was die Männer auf dem Dach erwartet hatten, und auch nicht, was der Kranke sich wünschte, sondern etwas ganz anderes. Er sagte nicht: „Ich mache dich gesund"; sondern er sah ihn lange an und sprach dann mit ihm:

„Du hast vieles getan, was nicht gut war; das ist deine eigentliche Krankheit. Das ist deine eigentliche Last, die dich drückt. Die nehme ich dir ab. Alles, was du Böses getan hast, soll vergeben sein. Es soll alles gut sein zwischen Gott und dir."

Die Leute waren ganz durcheinander. Die einen sagten: „Das ist doch nicht das, was der braucht! Der muß doch gesund werden! Was hat das mit dem zu tun, was er Schlechtes getan hat? – Das ist doch leicht, zu sagen: Deine Sünden sind dir vergeben. Aber er soll doch einmal zeigen, daß er ihn auch heilen kann!"

Die anderen sagten: „Woher will der wissen, daß Gott diesem Mann seine Schuld vergibt? Wie kann der sagen: Gott hat dir verziehen?"

Jesus hörte es und merkte, daß viele so dachten. Aber er wußte, daß man einen kranken Menschen nicht allein mit Pillen und Tropfen heilt, wenn auch seine Seele krank ist, sondern daß man beide heilen muß, den Körper und die Seele. Daß man ihn lieben muß. Er sah die Leute reihum an, alle, die in dem engen Zimmer standen, und sagte: „Ihr meint, das könne jeder sagen: Es ist alles gut zwischen Gott und dir! Der Mann muß doch geheilt werden! Darum will ich auch das tun, was euch schwerer scheint. Dann seht ihr, daß das, was ich sage, von Gott kommt."

Und er sah dem Kranken fest in die Augen, faßte ihn an der Hand und sagte: „Steh auf!" Der Kranke stand auf. „Nimm dein Gestell!" Der Kranke bückte sich und hob das Gestell auf. „Geh heim!" Und der Mann hob sein Lager auf die Schulter und ging durch das Menschengedränge hinaus, ganz allein, ohne daß ihn jemand stützte. Die Männer auf dem Dach und die Leute im Haus und auf der Straße standen mit offenem Mund da und staunten: „Das haben wir noch nie erlebt!"

Und einer sagte: „Das ist wahr. Man muß die Menschen lieben, wenn man ihnen helfen will!"

Die Tochter des Jairus

In einem großen Fischerboot stand Jesus, und seine Freunde waren bei ihm. Sie fuhren nach Kafarnaum, legten im Hafen an und stiegen aus. Die Fischer luden gerade ihren Fang aus, und die Frauen standen am Ufer und kauften Fische. Wie immer, wenn Jesus kam, redeten die Leute gleich davon und sagten: „Jesus ist gekommen!" Auch im Dorf ließen sie alles stehen und liegen und liefen zum Hafen. „Dort ist er!" riefen sie einander zu. Viele wollten ihn etwas fragen, andere wollten, daß er sie heilte, und die meisten wollten ihn einfach nur sehen. Es war wie auf einem Volksfest.

Da drängte sich auch ein vornehmer Mann durch: „Laßt mich durch! Mein Kind stirbt! Laßt mich durch! Mein Kind stirbt!" Er ruderte mit den Armen und kämpfte sich durch die Menge, kam bis zu Jesus und rief schon von weitem: „Meister! Meister! Meine Tochter liegt im Sterben! Nur du kannst ihr noch helfen! Komm zu uns! Mach sie gesund!" Und er kniete vor ihm nieder und faßte seine Hand: „Bitte, komm!" „Ich komme", antwortete Jesus. Jairus – so hieß der Mann – drängte sich wieder durch die Menge zurück, und Jesus ging hinter ihm. Aber es ging alles viel zu langsam. Denn da waren ja noch viele andere, die auch zu Jesus wollten. Auch Kranke waren da, die riefen: „Mach mich gesund!" Und so kam es, daß sie lange brauchten, viel zu lange. Sie kamen einfach nicht bis zu dem Haus, in dem das Mädchen lag und jeden Augenblick sterben konnte.

Da kamen ihnen auch schon Leute entgegen, die hatten Tränen in den Augen und sagten zu Jairus: „Jetzt ist deine Tochter gestorben! Es ist zu spät! Nun brauchst du Jesus nicht mehr zu holen." Jairus drehte sich zu Jesus um und wollte sagen: „Jetzt ist es zu spät! Sie ist gestorben!" Aber Jesus schüttelte den Kopf: „Nein, es ist nicht zu spät. Verlaß dich auf mich. Geh weiter!"

Schließlich kamen sie an das Haus des Jairus. Auf der Straße standen die Menschen und weinten, vor der Tür standen sie und klagten: „Ach, das liebe Kind!" „Ach, die arme Mutter!" Und als Jesus ins Haus trat, stand das ganze Zimmer voll mit Menschen. Aber Jesus wurde zornig und rief: „Was soll der Lärm? Das Kind ist nicht tot. Es schläft." Da jammerten sie noch mehr, und einige spotteten und sagten: „Woher will der das wissen? Natürlich ist es tot!"

Währenddessen lag das Mädchen – es war zwölf Jahre alt – auf seinem Bett, ganz still und blaß, und Jesus schickte die Leute alle aus dem Haus, so daß zuletzt nur noch der Vater und die Mutter und seine Jünger drin waren. Dann ging er zu dem Kind hin, beugte sich zu ihm hinunter, nahm seine Hand und sprach leise zu ihm, und die anderen hörten nur, wie er sagte:

„Kind, steh auf!" Da schlug das Mädchen die Augen auf, bewegte die Hand und den Arm und richtete sich ein wenig auf, und Jesus half ihm, aufzusitzen und aufzustehen. Zuletzt stand das Mädchen im Zimmer und ging vorsichtig ein paar Schritte. Es war, als wäre es aus einem tiefen Schlaf aufgewacht.

Wer nicht dabei war, als Jesus das tat, kann leicht sagen: „Ach! Das ist sicher gar nicht wahr." Aber es ist gar nicht schwer zu verstehen. Wenn ein Mensch stirbt, das ist, als ginge er durch eine Tür in eine andere Welt. In eine Welt, die wir nicht sehen. Wenn wir sagen: „Er ist tot!", dann ist er noch eine ganze Weile nahe bei uns. Er hört noch, was wir sagen, und geht

dann allmählich immer weiter fort, und der Körper bleibt allein da. Und manchmal kommt es vor, daß einer, der eigentlich schon gestorben ist, wieder zurückkommt, wenn ihn jemand ruft.

Und das konnte Jesus. Gott hat ihm gesagt: „Zeige den Menschen, daß der Tod kein Tod ist." Deshalb hat Jesus einmal einen Mann namens Lazarus, einmal einen Jungen in dem Dorf Nain und einmal die kleine Tochter des Jairus zurückgerufen. Und als er selbst gestorben war, da ging er nicht gleich in die andere Welt hinüber, sondern kam noch einmal zurück, redete mit seinen Freunden und zeigte ihnen, daß die Toten lebendig sind, auch wenn wir sie nicht sehen.

Als das Mädchen auf den Füßen stand und in dem kleinen Zimmer herumging, standen die Eltern starr vor Schrecken und Staunen und Glück und konnten sich kaum rühren. Da sagte Jesus zu ihnen: „Was ich getan habe, geht niemand etwas an, nur euch und das Kind. Und jetzt gebt dem Mädchen zu essen. Es muß zu Kräften kommen."

Die Leute von Kafarnaum standen stumm draußen. Als sie durch das Fenster sahen, wie das Mädchen im Zimmer umherging, da wurden sie noch stiller. Und als Jesus auf die Straße hinauskam, standen sie schweigend da und dachten: „Was ist das für einer, der das kann?"

„Und was kommt jetzt?"
„Jetzt singen wir noch ein schönes Lied."
„Au fein!"
„Und dann wird geschlafen."

Eine wunderbare Hochzeit

Einmal kam einer zu Jesus und fragte ihn: „Was ist das Wichtigste im Leben?" Da antwortete Jesus: „Daß wir einander lieben. Daß wir Gott lieben und die Menschen!" Für Jesus war am wichtigsten, daß wir freundlich und gut miteinander sind und man merkt: Die lieben einander. Deshalb ging er auch gerne zu einer Hochzeit oder zu einem anderen Fest.

Eines Tages sagte man ihm: „Droben in Kana ist eine Hochzeit. Die Familie lädt dich ein!" Jesus antwortete: „Ich freue mich über die Einladung. Sagt den Leuten, daß ich gern komme." Er holte Suleika aus Raffaels Haus und ritt vom See Gennesaret auf die Berge hinauf nach Kana. Und weil die Leute aus den Dörfern einander kannten und Nazaret nicht weit war, kam auch seine Mutter Maria herüber auf das Fest. Auch die Freunde von Jesus waren alle da. Es war ein großer Wirbel in dem Haus, in dem der Bräutigam daheim war, und im ganzen Hof.

Ein Hochzeitsfest war damals ein großes, schönes Spiel. Morgens ging der Bräutigam mit einem Esel zum Elternhaus der Braut. Die Braut setzte sich auf den Esel, und die Mädchen aus dem ganzen Dorf begleiteten den Zug in das Haus des Bräutigams. Dort wartete die Mutter des Bräutigams mit einer Krone in der Hand, die aussah, als wäre sie aus Gold, und der Vater der Braut hielt auch eine Krone bereit.

Im Hof standen zwei Stühle auf einer erhöhten Stufe, und Braut und Bräutigam setzten sich darauf, als wären es Throne im Schloß eines Königs. Die Mutter setzte dem Bräutigam die eine Krone auf und sang dazu ein altes Lied:

Kommt alle und seht!
Seht den König Salomo mit der Krone,
mit der ihn seine Mutter gekrönt hat
am Tag seiner Hochzeit,
am Tag der Freude seines Herzens.

Dann kam der Vater der Braut und setzte ihr die andere Krone ins Haar, und sie sangen alle miteinander:

Kommt und seht!
Seht Sulamith, die Königin,
mit der Krone,
mit der sie ihr Vater gekrönt hat
am Tage ihrer Hochzeit,
am Tag der Freude ihres Herzens!

Bräutigam und Braut waren an diesem Tag König und Königin. Der Bräutigam hieß an seiner Hochzeit „Salomo", weil so der schönste, reichste und weiseste König der Juden geheißen hatte, und die Braut hieß „Sulamith", weil Salomo eine Frau gehabt hatte, die besonders schön war und Sulamith hieß.

Dann sangen die Leute Lieder zu Ehren des Königs und der Königin, die Braut sang Lieder auf den Bräutigam und der Bräutigam Lieder auf die Braut. Alle Leute sangen mit und klatschten in die Hände und tanzten dazu.

So sang der Bräutigam auf seinem Thron und schaute dabei die Braut an:

Du machst mein Herz fröhlich,
geliebte Braut,
mit einem einzigen Blick
deiner Augen!
Wie schön ist es, daß du mich liebst,
geliebte Braut!
Viel schöner und kostbarer ist das
als der edelste Wein.

Er drückte ihr einen Kuß auf den Mund und sang weiter:

Süß wie Honig sind deine Lippen,
süß wie Honig und Milch dein Mund.
Der Duft deiner Gewänder
berauscht mich
wie der Duft von Blütenbäumen!

Dann sang die Braut:

Ich bin wie eine Blume im Garten,
wie eine Lilie im Tal.
Und du, mein Geliebter,
bist wie ein Baum;
in deinem Schatten möchte ich blühen.

Der Bräutigam antwortete:

Nicht nur eine Blume bist du, nein,
ein ganzer Garten voller Blüten.
Ein Garten mit duftenden Sträuchern.
Wie eine frische Quelle bist du,
wie ein Brunnen mit frischem Wasser.

Die Braut sang weiter und sah dabei die goldene Krone an:

Du bist schön, mein Bräutigam,
dein Haupt glänzt vom Gold.
Du bist mein König!
Dunkel sind deine Locken,
deine Augen dunkel und schön
wie die Augen von Tauben,
deine Lippen sind rot
wie blühende Lilien.

Und sie gab ihm einen Kuß und sang:

Dein Mund ist süß,
und alles ist herrlich an dir.

Dann sangen sie alle beide miteinander:

Ich möchte dein Schmuck sein,
der an deinem Herzen hängt.
Ich möchte ein Ring sein,
den du am Finger trägst.

Denn die Liebe ist stärker
als der Tod.
Sie ist wie Feuer.
Man kann sie mit Wasser
nicht löschen,
und mit ganzen Flüssen
nicht ertränken.
Die Liebe soll uns zusammenhalten
unser ganzes Leben lang.

Am Ende tanzten sie alle. Auch die Braut und der Bräutigam standen auf von ihrem Thron und tanzten in der Mitte, die anderen standen im Kreis, sangen und klatschten in die Hände.

Wenn sie lange genug getanzt hatten, setzten sie sich zum Essen nieder.

Es gab alles, was die Leute nur zusammentragen konnten. Auf großen Schüsseln und Platten hatten sie alles, was gut schmeckte, aus dem ganzen Dorf gebracht. Und das Essen dauerte den ganzen Nachmittag und bis tief in die Nacht.

Aber das Wichtigste bei einer Hochzeit war den Leuten, daß recht viel Wein da war. Je mehr Wein das Brautpaar ausschenken ließ, desto schöner war die Hochzeit. Wenn aber kein Wein da war, dann saßen die Leute bald mißmutig da. Sie hatten keine Lust mehr, zu feiern, und die Hochzeit endete traurig. Wenn kein Wein da war, ging einer nach dem anderen nach Hause, und das Brautpaar blieb allein.

Bei dieser Hochzeit in Kana waren aber die Familien der Braut und des Bräutigams arm. Sie hatten selbst nicht immer genug, und sie konnten nicht alle die vielen Leute bewirten. Deshalb trugen die Gäste selbst das große Festmahl zusammen. Und damit genug Wein dazu käme, hatte der Bräutigam einen reichen Weinbauern aus dem Dorf eingeladen, zur Hochzeit zu kommen. Aber der dachte: „Die sind mir nicht vornehm genug. Außerdem: Wenn ich komme, muß ich Wein mitbringen." Also sagte er: „Ich habe an diesem Tag keine Zeit, ich muß zu einer Besprechung. Ich will einen Acker kaufen und muß hingehen und ihn ansehen." Weil also nur wenige von den Gästen Wein mitgebracht hatten, ging er bald zur Neige.

Maria merkte es und ging zu Jesus hin: „Es ist zu wenig Wein da!" Jesus ging zur Braut. Die war ganz traurig, zeigte ihm im Haus drinnen die leeren Krüge und sagte: „Wir haben den reichen Weinbergbesitzer von dort drüben eingeladen. Aber er kam nicht. Wir sind ihm nicht vornehm genug."

Da ging Jesus in den Hof hinaus, wo die Leute noch schmausten, und winkte mit der Hand. Da waren sie alle ganz still und sagten zueinander: „Jesus will etwas sagen!" Und Jesus erzählte den Gästen eine Geschichte:

„Hört zu! Da war einmal ein Mann, der wollte ein großes Fest feiern. Er schickte seinen Diener von Haus zu Haus, lud viele Leute aus der Stadt ein und ließ ihnen sagen: ‚Kommt alle zu meinem Fest!' Aber die Leute wollten nicht. Sie sagten: ‚Dann müssen wir ihn auch einladen! Das wird uns zu teuer. Und ein Gastgeschenk müssen wir auch mitbringen. Außerdem haben wir keine Lust.' So hatten sie alle eine Ausrede. Der erste ließ sagen: ‚Ich habe einen Acker gekauft und muß hinausgehen und ihn ansehen! Ich bitte dich, entschuldige mich!' Der zweite ließ sagen: ‚Ich habe zehn Ochsen gekauft, ich muß heute hingehen und sie abholen. Bitte, entschuldige mich.' Der dritte ließ ausrichten: ‚Ich will in ein paar Tagen heiraten. Da ist noch viel zu tun. Ich habe leider keine Zeit. Bitte, entschuldige mich.'

Als der Mann, der das Fest veranstalten wollte, das hörte, wurde er zornig und sagte zu seinem Knecht: ‚Geh hinaus auf die Straßen und Gassen der Stadt und hole die Armen zusammen, auch die Behinderten und die Blinden, die an den Ecken sitzen und betteln.' Da kamen sie alle zusammen, die sonst keiner zu einem Fest einlud, freuten sich und setzten sich zu Tisch, und es war ein großes Lachen und Lärmen. Es war aber noch Platz. Da sagte der Hausherr zu seinem Knecht: ‚Geh auf die Landstraße hinaus und lade sie alle ein, die da gerade vorbeikommen. Mein Haus muß voll werden.' Und bald war das Haus voll von fröhlichen Leuten, und weil sie alle zu denen gehörten, die sonst keiner einlud, wurde es ein ganz besonders schönes Fest."

Als Jesus so weit erzählt hatte, rief einer der Gäste dazwischen: „Das muß schön sein, wenn Gott uns zu seinem großen Fest im Reich Gottes einlädt!"

„Ja", antwortete Jesus: „Das wird schön sein. Dort wird es uns nicht am Wein fehlen, aber vielleicht an den Gästen! Da werden alle die willkommen sein, die auch hier schon mit den Armen und den Einsamen zusammengesessen sind." Und Jesus zeigte mit dem ausgestreckten Arm hinüber zum Haus des reichen Weinbergbesitzers, der nicht hatte kommen wollen, und sagte: „Wer sich zu fein ist, der wird ausgeschlossen sein. Wer nicht mit anderen feiern will, weil sie ihm zu arm oder nicht vornehm genug sind, der wird Gottes Fest nicht mitfeiern.

Das Fest im Reich Gottes – das wird schön sein! Da werden wir Wein trinken, da werden wir singen und tanzen und fröhlich sein. Es wird sein, als wäre Gott der Bräutigam und die Menschen seine Braut. Da wird Gott alle Tränen von den Augen der Traurigen abwischen, und es wird kein Hunger und kein Durst mehr sein und kein Leid und kein Schmerz. Gott wird mit ihnen feiern, und es wird alles gut sein.

So heißt es im Psalm:

Da werden wir sein
wie die Träumenden.
Da wird unser Mund voll Lachen
und unsere Stimme voll Rühmen sein.
Da wird man sagen:
Der Herr hat Großes an uns getan,
nun sind wir fröhlich.

Denn die Liebe macht alles gut. Zwischen der Braut und dem Bräutigam hier und zwischen Gott und uns Menschen auch."

Und alle, die Jesus zuhörten, waren fröhlich und zufrieden, und es wurde ein schönes, langes Fest. Was dann mit dem Wein geschah, das wußte danach niemand von den Gästen genau zu sagen. Die einen sagten: „Wir hatten auf einmal genug Wein!" Die anderen sagten: „Er hat Wein gezaubert!" Die dritten sagten: „Wir waren so fröhlich, als hätten wir ganze Fässer voll Wein getrunken. Wie es zuging, wissen wir nicht, aber wir haben noch stundenlang getanzt. Es war wunderbar."

Und die Jünger sagten: „Jesus hat aus Wasser Wein gemacht. Es war wie mit dem Brot, das wir damals auf dem Berg verteilt haben. Da wußte auch keiner, wie es zugegangen war, aber alle wurden satt."

Suleika stand im Hof. Die Braut hatte ihr einen besonders guten, frischen Klee zu fressen gegeben, einen ganzen Korb voll. Suleika machte ein Gesicht, als wollte sie sagen: „So etwas Gutes habe ich schon lange nicht mehr gehabt!" und fraß alles auf. Als sie fertig war, sah sie den Leuten zu, die miteinander feierten, bewegte die Ohren hin und her und dachte: „Ich habe schon oft gesehen, wie die Menschen eine Hochzeit feiern, aber so fröhlich habe ich sie noch nie erlebt."

Und sie schaute zur Braut und zum Bräutigam hinüber, die sich am Tor von ihren Gästen verabschiedeten, und dachte: „Die beiden werden es nicht leicht haben. Sie sind arm. Sie werden hart arbeiten müssen, und ihr Leben wird nicht immer ein Fest sein. Und vielleicht ärgern sie sich manchmal übereinander wie Joram und ich und verstehen sich nicht immer so gut wie heute. Das ist dann, als hätten sie nur Wasser zu trinken. Aber wenn sie fest zusammenhalten, dann wird aus dem Wasser Wein, und das Leben wird doch schön. Und auf das Fest im Reich Gottes dürfen sie sich auch freuen."

Da kam Maria bei Suleika vorbei und wollte heimgehen. „Auf Wiedersehen, Suleika!" sagte sie und kraulte sie am Hals. Suleika rieb den Kopf an Maria hin und her vor lauter Freude, daß Maria sie gesehen hatte. Und als Maria durchs Tor auf die Straße ging, stand Suleika noch lange und sah ihr nach, bis sie hinter den Häusern verschwunden war.

Als Jesus kam und sagte: „Komm, Suleika! Wir gehen nach Kafarnaum", da hielt sie ganz still, daß Jesus aufsteigen konnte, und trabte zufrieden hinunter in das Fischerdorf am See.

Eliesers Brautreise

Auch im Haus des Abraham war eines Tages eine große Hochzeit. Das kam so:

Isaak, der Sohn von Sara und Abraham, wuchs und wurde groß und stark und wurde ein erwachsener Mann. Aber als er ein Mädchen suchte, das er lieben und heiraten konnte, da fand er keins. Seine Familie war fremd in der Gegend, und die Mädchen, die er kennenlernte, gehörten zu einem anderen Volk und sprachen eine andere Sprache. Die Familien aber, die zu seinem eigenen Volk gehörten, wohnten weit weg in einem anderen Land.

Was sollte er tun? Er konnte doch nicht einfach alles liegen lassen und in das Land reisen, aus dem sein Vater gekommen war und wo die Leute lebten, die seine Sprache verstanden. Der Vater war alt, und er, Isaak, mußte die Herden hüten und für das Haus und all die vielen Menschen sorgen, die mit seiner Familie lebten. Eines Tages dachte Abraham: Wenn wir jetzt nicht für Isaak eine Frau suchen, dann findet er nie eine. Aber es muß eine Frau sein, die zu ihm paßt. Er rief den ältesten von seinen Knechten, einen erfahrenen und klugen Mann, und sagte zu ihm: „Geh nach Haran. Dort wohnen die Menschen meines Stammes. Such für meinen Sohn ein Mädchen, das er zur Frau nehmen kann." Der Knecht hieß Elieser.

Am anderen Tag wählte Elieser aus der Kamelherde Abrahams zehn schöne Kamele und für jedes Kamel einen jungen Mann, damit sie gegen die Räuber gesichert waren. Auf die Kamele lud er die Geschenke, die er dem Mädchen bringen sollte, das Futter für die Tiere und die Nahrung für ihn und seine Begleiter. Und sie wanderten zwei Wochen lang auf den schmalen Karawanenwegen, immer ein Kamel hinter dem anderen. Es war ein langer Zug. Endlich kamen sie nach Haran, in die Stadt, von der Abraham ausgezogen war. Dort wohnten Abrahams Freunde und Vettern.

Als Elieser die Stadt sah, war er sehr froh, denn er war müde. Aber wie sollte er jetzt eine Frau finden, die zu Isaak paßte? Und wenn er eine finden würde, wie konnte er es machen, daß das Mädchen so viel Vertrauen faßte, daß es bereit war, mit ihm zu ziehen? „Eigentlich", dachte Elieser, „ist das alles ganz unmöglich. Woher soll ich wissen, welches Mädchen so tüchtig und so freundlich ist und ein so gutes Herz hat, daß Isaak mit ihr glücklich wird?" Und er blieb bei seinen Kamelen draußen vor der Stadt an einem Brunnen. Dort kniete er nieder und betete: „Lieber Gott, hilf mir, daß ich eine Frau finde für Isaak. Wenn du nicht hilfst, muß ich wieder heimgehen, wie ich hergekommen bin, ohne eine Braut."

Als er danach am Brunnen saß und nachdachte, fiel ihm etwas ein. „Ja", dachte er, „so will ich es machen! Da ist ein Brunnen, und es ist Abend. Jetzt werden dann die Frauen und Mädchen aus der Stadt kommen, mit Krügen auf der Schulter, und Wasser holen. Wenn nun ein Mädchen kommt, das mir gefällt, will ich warten, bis es seinen Krug gefüllt hat, und dann will ich sagen: ‚Gib mir doch bitte von dem Wasser in deinem Krug und laß mich trinken!' Wenn das Mädchen sagt: ‚Du kannst doch selbst Wasser schöpfen', dann ist sie nicht die Richtige. Wenn sie aber sagt: ‚Gerne!' und mich trinken läßt, dann ist sie vielleicht die Richtige. Wenn sie gar sagt: ‚Gerne! Und ich will auch für alle deine Kamele Wasser schöpfen', wenn sie ein gutes Herz hat auch für die müden und durstigen Tiere, dann ist sie ganz gewiß die Frau, die Gott für Isaak bestimmt hat."

Denn obwohl Elieser an einem Brunnen war, durften er und seine Kamele nicht einfach trinken. In dem Brunnen war nicht viel Wasser, und nur, wenn jemand es ihm erlaubte, durften sie von dem kostbaren Wasser nehmen.

Während er so am Brunnen saß, kam eine junge Frau aus der Stadt zum Wasserholen. Die hatte einen Krug auf der Schulter. Man sah, daß sie noch nicht verheiratet oder verlobt war, denn die verlobten Mädchen trugen einen Schleier, so daß man ihr Gesicht nicht sah. Aber dieses Mädchen trug noch keinen Schleier, und man sah, wie schön sie war mit ihrem schwarzen Haar und ihren großen, dunklen Augen.

Sie stieg die Stufen hinunter, die zum Brunnen führten, füllte ihren Krug mit Wasser und kam wieder herauf. Da ging ihr Elieser entgegen und sagte: „Laß mich ein wenig Wasser aus deinem Krug trinken!" Er dachte: „Was wird sie nun sagen?" Und die Kamele, die da standen und warteten, dachten auch: „Was wird sie sagen? Ist das die, die wir heimtragen werden zu unserem Herrn Isaak?"

Das Mädchen aber schaute den alten Mann, den Elieser, freundlich an und sagte: „Trinke, mein Herr!", nahm den Krug von der Schulter und hielt ihn Elieser an den Mund. Als Elieser getrunken hatte, sagte sie: „Ich will auch für deine Kamele Wasser schöpfen, bis sie alle genug getrunken haben!" Und sie lief zur Tränkrinne und goß ihren Krug dort hinein. Dann stieg sie wieder zum Brunnen hinab, kam wieder herauf und goß ihren Krug aus. Die Kamele kamen zur Tränkrinne, tauchten ihr Maul in das Wasser und tranken. Als sie alle genug getrunken hatten, blieb das Mädchen bei ihnen stehen und kraulte sie am Hals, und die Kamele brummten behaglich und dachten: „Das ist ganz bestimmt die Richtige!"

Da holte Elieser einen goldenen Stirnreif und zwei goldene Armringe aus seinem Gepäck, trat auf das Mädchen zu, drückte ihm den Stirnreif ins Haar und schob die Armringe über ihre Hände an ihr Handgelenk, und das Mädchen strahlte vor Freude. Er fragte: „Wer bist du?" Sie antwortete: „Ich heiße Rebekka." „Wer ist dein Vater?" „Mein Vater", sagte sie, „heißt Bethuel, er ist ein Sohn des Nahor und der Milka." Elieser konnte nichts mehr sagen vor Überraschung, denn Nahor war ja der Bruder seines Herrn Abraham! Aber er ließ sich nichts anmerken und fragte: "Hat dein Vater Raum im Haus und im Hof? Können wir bei ihm Herberge finden?" „Ja!" antwortete sie, „es ist genug Stroh und Futter da für die Tiere und auch Platz zum Übernachten." Da sagte Elieser und lächelte: „Dann lauf rasch heim und

sage, daß wir hier warten." Das Mädchen setzte sich den schweren Wasserkrug auf die Schulter und lief in die Stadt.

Dem Elieser standen die Tränen in den Augen vor Freude. Er kniete nieder und betete: „Ich danke dir, Gott, mein Herr! Du hast mir den richtigen Weg gezeigt. Du hast mich zur Familie meines Herrn Abraham geleitet! Ich danke dir, daß du mich führst." Und er blieb draußen vor der Stadt beim Brunnen und wartete. Wird nun jemand kommen und mich mit den Kamelen und meinen Begleitern in die Stadt einladen?

Als Rebekka nach Hause kam, traf sie ihren Bruder Laban und rief ihm entgegen: „Draußen am Brunnen ist eine Kamelkarawane! Der Anführer hat gefragt, ob er bei uns übernachten darf. Und schau, das alles hat er mir geschenkt! Schau, den Stirnreif! Und die Armringe!" Laban machte große Augen, dann ließ er alles stehen und liegen und lief hinaus vor die Stadt. Denn er dachte: „Wenn ein so reicher und vornehmer Mann Quartier sucht, dann muß man ihn sofort einladen. Wer weiß, was der uns noch alles schenken kann!"

Draußen am Brunnen fand er Elieser; er verbeugte sich vor ihm bis auf die Erde und sagte: „Komm herein zu uns! Du bist uns von Gott gesandt, und unser ganzes Haus freut sich, wenn du unser Gast bist. Ich habe alles hergerichtet und auch für die Kamele Raum gemacht." Er führte Elieser in sein Haus, er zäumte die Kamele ab und breitete Stroh auf dem ganzen Hof aus, damit sie sich niederlegen konnten. Dann lud er die Lasten von ihren Rücken ab und gab ihnen frisches Gras zu fressen und Wasser zu trinken. Er füllte auch eine Wanne mit Wasser, so daß Elieser und die Männer sich die Füße waschen konnten, denn sie waren ganz heiß und müde von der langen Wanderung.

Danach lud er sie zum Essen ein. Aber als sie alle im schattigen Hof saßen und das Essen aufgetragen wurde, fing Elieser an zu reden: „Ich will nicht essen", sagte er, „ehe ihr wißt, wer ich bin und was ich will." Laban und der Vater und die Mutter von Laban und Rebekka antworteten: „Ja, erzähle uns!" Und Elieser sagte: „Ich bin Elieser, ein Knecht Abrahams!" Da sahen sie einander an, Bethuel und seine Frau, Laban und Rebekka, und konnten es kaum glauben. Immer wieder fragten sie: „Ist das wahr? Abrahams Knecht? Wirklich?"

„Ja", sagte Elieser. „Mein Herr Abraham lebt in Kanaan, viele Tagereisen von hier. Er ist reich und hat viele Schafe und Rinder, Kamele und Esel, auch Knechte und Mägde, Silber und Gold. Sara, seine Frau, hat ihm einen Sohn geboren, der soll nun der Erbe sein und alles bekommen, was meinem Herrn Abraham gehört. Und mein Herr hat gesagt: ‚Nimm für meinen Sohn keine Frau aus einem fremden Volk, sondern geh zu meiner Familie nach Haran und suche dort für ihn ein Mädchen.'

So bin ich nun heute abend zu dem Brunnen gekommen und habe Gott gebeten, mir die richtige Frau für Isaak zu zeigen. Ich habe gesagt: ,Wenn ein Mädchen kommt und Wasser holt, dann will ich sagen: Laß mich trinken! Und wenn sie dann sagt: Ja, trinke, und ich will auch deine Kamele tränken!, wenn sie freundlich ist und auch ein Herz für meine Tiere hat, dann soll sie die richtige Frau sein.' Und so ist es gekommen. Ich habe Rebekka gesehen und habe sie gefragt, und sie war freundlich zu uns und tränkte alle meine Kamele. Und sie sagte, sie komme aus der Familie Nahors, des Bruders meines Herrn. Es war kein Zufall, daß ich sie traf, sondern Gott hat uns geführt und hat sie zu uns gesandt. Wenn ihr nun meinem Herrn Abraham Liebe erweisen wollt, dann laßt das Mädchen mit mir gehen. Wenn nicht, dann sagt es mir, dann ziehe ich weiter."

Da sagten Bethuel und Laban: „Das hat Gott so bestimmt. Hier ist Rebekka. Nimm sie! Zieh heim und bringe sie deinem Herrn und Isaak, daß sie seine Frau wird."

Da betete Elieser wieder im stillen für sich und sagte: „Ich danke dir, Herr!" Dann öffnete er die Säcke und die Truhen, die er auf den Kamelen hergebracht hatte, und holte Geschenke heraus für sie alle: silberne und goldene Ketten, Ringe für Rebekka und wunderbare Kleider in vielen schönen Farben, auch dem Vater und der Mutter der Rebekka und dem Bruder Laban schenkte er schöne und kostbare Sachen. Dann ließen sie es sich alle miteinander schmecken, und weil es schon dunkel war, legten sie sich bald schlafen.

Aber eins wußte Elieser noch nicht: Ob Rebekka selbst eigentlich mit ihm gehen wollte. Die Eltern und der Bruder waren einverstanden. Aber das Wichtigste war doch, ob das Mädchen selbst wollte. Sie konnte ja denken: „Wer weiß, wohin der mich bringt! Vielleicht ist es alles gar nicht wahr? Vielleicht will er mich gar nicht dem Sohn Abrahams zur Frau geben, sondern mich mitnehmen und verkaufen oder zur Sklavin machen." Und Elieser war sehr unruhig die ganze Nacht.

Am Morgen standen sie früh auf, und Elieser sagte zu Bethuel: „Nun laß uns aufbrechen. Wir müssen heimreisen zu meinem Herrn." Aber Bethuel meinte: „Warum bist du so eilig? Laß doch das Mädchen noch ein paar Tage hier, damit wir uns von ihr verabschieden können! Vielleicht will sie auch gar nicht?" „Nein", antwortete Elieser, „ich muß aufbrechen, mein Herr wartet auf mich." „Gut", meinten die Eltern, „wir wollen Rebekka rufen und sie fragen, was sie dazu sagt." Und sie riefen Rebekka und fragten sie: „Willst du mit diesem Mann nach Kanaan ziehen? Willst du Isaaks Frau werden?“ Aber Rebekka gab nicht gleich eine Antwort. Die ganze Nacht hatte sie wach gelegen und nachgedacht. Sie hatte Angst. Aber dann schaute sie Elieser an, und der sah nicht aus wie ein Betrüger oder ein Sklavenhändler. „Ja“, dachte sie, „ich kann ihm vertrauen“, und antwortete: „Ja, ich will!“

Da gab es ein großes Zusammenpacken und Aufladen. Alle Sachen, die Rebekka gehörten, wurden auf die Kamele geladen. Die Eltern segneten Rebekka zum Abschied und wünschten ihr Glück und viele Kinder. Dann führten die Männer die schwerbeladenen Kamele aus dem Hof auf die Straße hinaus. Auf dem vordersten Kamel, das Elieser selbst führte, saß Rebekka, denn sie war das Kostbarste, was er hatte. Und sie ritten viele Tage, bis sie in das Land kamen, in dem Abraham und Isaak wohnten.

Inzwischen war Abraham in eine andere Gegend weitergezogen, und Elieser brauchte lange, bis er ihn fand. Eines Abend stand Isaak auf dem Feld und schaute von einem Hügel aus über das Land, ob nicht Elieser mit seinen Kamelen zurückkomme. Da sah er in der Ferne eine feine Staubwolke. „Das sind sie!“ dachte er. Und wirklich, als sie näher kamen, da waren es die zehn Kamele, mit denen Elieser ausgezogen war. Rebekka, die auf dem vordersten Kamel saß, sah einen Mann stehen und fragte Elieser: „Da steht ein Mann. Wer ist das?“ Elieser antwortete: „Das ist Isaak, mein Herr, und der Mann, den Gott dir zugedacht hat.“ Da glitt sie rasch vom Kamel, schlug ihren Schleier um sich und deckte ihr Gesicht zu. Das taten alle jungen Mädchen damals, wenn sie heirateten. Damit wollten sie sagen: „Ich bin nun kein junges Mädchen mehr. Ich bin bereit, deine Frau zu sein.“ Und Isaak nahm Rebekka in den Arm und drückte sie an sich. Dann führte er sie in sein Zelt. Sie wurde seine Frau, und sie liebten einander so sehr, als hätte jedes von ihnen das andere selber ausgesucht.

Joseph und seine Träume

Isaak und Rebekka lebten lange miteinander. Sie hatten zwei Söhne. Die hießen Esau und Jakob. Als Jakob, der jüngere von beiden, erwachsen war, wurde er der Vater von zwölf Söhnen. Und von diesen zwölf Männern gibt es eine spannende Geschichte.

Als Jakob ein alter Mann war, war sein ältester Sohn ungefähr vierzig Jahre alt. Er hieß Ruben. Sein jüngster war noch ein kleiner Junge, der Benjamin hieß. Aber am liebsten hatte der Vater den zweitjüngsten. Der hieß Joseph.

Als Joseph siebzehn Jahre alt war, ließ sein Vater ihm ein buntbesticktes Kleid machen. Die anderen Söhne hatten nur ihre braunen Kittel, mit denen

sie auf dem Feld und beim Vieh arbeiteten. Wenn einer einen bunten Rock trug, dann galt er als ein vornehmer Herr und brauchte nichts zu arbeiten. Da waren seine Brüder natürlich sehr böse auf ihn und redeten kein freundliches Wort mehr mit ihm.

Einmal hatte Joseph einen Traum, und als sie beim Frühstück saßen, erzählte er ihn den Brüdern: „Hört zu, was mir geträumt hat! Wir waren auf dem Feld bei der Ernte und mußten Garben binden. Da stellte sich meine Garbe aufrecht aufs Feld, aber eure Garben standen rings herum im Kreis und verneigten sich vor meiner Garbe." „Du willst wohl über uns alle regieren?" fragten die Brüder. „Wir sollen uns wohl vor dir verbeugen?" Und sie haßten ihn noch mehr.

Joseph hatte noch einen Traum: „Hört zu", sagte er an einem schönen Morgen, „was mir geträumt hat! Ich war ein großer, heller Stern, und die Sonne, der Mond und elf Sterne standen um mich herum im Kreis und verneigten sich vor mir. „Du willst wohl", schrien die Brüder, „unser König sein?" Und sein Vater schüttelte den Kopf: „Du willst wohl, daß dein Vater, deine Mutter und alle deine Brüder sich vor dir niederwerfen?" Und die Brüder überlegten sich, was sie ihm tun könnten.

Eines Tages trieben die Brüder die großen Viehherden ihres Vater weit entfernt von zu Hause im Bergland, weil dort schönes Gras wuchs. Joseph aber blieb daheim. Er mußte ja nicht arbeiten. Da dachte der Vater Jakob: „Ich muß doch wissen, ob es meinen Söhnen wohlgeht und ob mit den Tieren alles in Ordnung ist." Und er sagte zu Joseph: „Geh, such deine Brüder. Sie sind bei Sichem. Schau, ob alles gut geht, und komm bald wieder zurück und erzähle mir." Und Joseph ging in seinem vornehmen Kleid auf die Reise.

Er wanderte drei Tage lang durch das Bergland bis nach Sichem. Aber dort fand er sie nicht. Da sah ihn ein Mann übers Feld gehen und fragte ihn: „Wen suchst du?" Joseph antwortete: „Ich suche meine Brüder mit den Herden meines Vaters." Der Mann antwortete: „Sie sind weitergezogen. Ich habe gehört, wie sie sagten: Wir wollen nach Dotan gehen." So wanderte Joseph noch einmal zwei Tage lang nach Dotan und fand sie dort.

Die Brüder sahen ihn von weitem kommen. Sie standen beieinander und sagten: „Schaut mal! Da kommt der Träumer! Dem treiben wir seine Träume aus." „Wißt ihr was", sagte Simeon, „wir werfen ihn in ein Brunnenloch. Dann sagen wir: ‚Ein Löwe hat ihn zerrissen!'" „Ja, das tun wir!" riefen die anderen durcheinander. Nur der älteste Bruder, Ruben, schüttelte den Kopf. Er wollte ihn retten. Ruben sagte: „Ja, werft ihn hier in den Brunnen. Aber laßt ihn leben." Und er dachte: „Wenn es dunkel wird, hole ich ihn heraus."

Als Joseph zu seinen Brüdern kam, packten sie ihn und schrien: „Ha! Du willst uns wohl beaufsichtigen? Was hast du denn da für einen wunderbaren Rock?“ Und sie rissen ihm das Kleid vom Leib. „Da!“ riefen sie. „Da ist ein Loch! Das ist für dich, du Liebling deines Vaters. Da kannst du über die Schlangen regieren! Hinein mit dir!“ Und sie stießen ihn in das tiefe, ausgetrocknete Brunnenloch. Er stürzte hinunter, und als er sich unten umsah, da war es dunkel. Um ihn her waren Steine und Sand. Und es war kalt. Joseph schrie, so laut er konnte: „Laßt mich heraus!“ Aber die Brüder setzten sich neben den Brunnen, als wäre alles in Ordnung, und fingen an zu essen. Nur Ruben ging weg und machte sich bei den Tieren zu schaffen.

Während die übrigen so saßen – das Essen schmeckte ihnen nicht besonders gut –, näherte sich auf der Straße eine Karawane. Es waren Händler, die nach Ägypten unterwegs waren. Da sagte einer der Brüder – er hieß Juda: „Wir wollen Joseph nicht umbringen. Er ist doch unser Bruder. Wir können ihn ja den Händlern anbieten, die sollen ihn nach Ägypten mitnehmen und ihn dort als Sklaven auf dem Markt verkaufen.“

Als die Karawane dicht bei den Brüdern vorbeikam, riefen sie den fremden Männern zu: „Wollt ihr einen Sklaven haben? Hier ist einer zu verkaufen!“ Sie zogen Joseph an Stricken aus dem Brunnen und sagten: „Hier! Das ist er. Ein besonders schöner Sklave!“ „Was soll er kosten?“ fragten die Händler. „Zwanzig Silberstükke“, antworteten sie. „In Ordnung“, sagten die Händler und zahlten. Sie dachten: „Er ist noch jung. Er sieht gut aus. Er ist gesund und stark.“ Sie fesselten Joseph die Hände auf dem Rükken und banden ihn mit einem langen Seil an ein Kamel, so daß er von da an bis nach Ägypten immer neben dem Kamel herlaufen mußte. Und die Brüder lachten noch lange, als die Karawane schon längst in einer Staubwolke verschwunden war.

Nur einer war nicht dabeigewesen, als sie ihn verkauften. Das war Ruben. Der kam am Abend, als es dunkel wurde, heimlich zum Brunnen und wollte Joseph befreien. „Joseph!“ rief er hinunter. Aber niemand antwortete. „Joseph! Antworte doch!“ Aber er hörte nichts. Und als er lange hineingeschaut hatte, merkte er, daß der Brunnen leer war. Da erschrak er bis ins Herz, lief zu den Brüdern und rief: „Joseph ist nicht mehr da! Wo ist Joseph? Wie soll ich dem Vater unter die Augen treten, wenn Joseph nicht mehr da ist?“ Und die Brüder schlachteten einen Ziegenbock, nahmen das zerrissene Kleid, tauchten es in das Blut, schickten es durch einen Knecht ihrem Vater und ließen ihm sagen: „Dieses Gewand haben wir gefunden. Sieh nach, ob es nicht deinem Sohn Joseph gehört!“

Jakob erschrak: „Das ist das Kleid Josephs! Ja, das ist das Kleid Josephs! Ein Raubtier hat ihn gefressen! Ein wildes Tier hat ihn zerrissen!" Und er hüllte sich in einen grauen Sack zum Zeichen der Trauer und klagte um Joseph lange Zeit. Alle seine Söhne und Töchter kamen zu ihm und wollten ihn trösten und sagten: „Du hast doch noch deine anderen Kinder!" Aber er wollte davon nichts hören und klagte: „Ich werde mit Leid sterben und zu meinem toten Sohn gehen!" Und er beweinte ihn.

Inzwischen trieben die fremden Kaufleute den Joseph auf dem langen Weg durch die Wüste nach Ägypten. Immer lief er neben dem Kamel her, mit bloßen Füßen über Stock und Stein. Wenn er nicht mehr laufen konnte, schlugen sie ihn und trieben ihn weiter. Immer weiter bis nach Ägypten. Dort stellten sie ihn gefesselt auf einen Markt, wo man junge Männer und junge Mädchen als Sklaven und Sklavinnen verkaufte, wie man Besen oder Körbe verkauft. „Schaut, Leute!" riefen sie: „Ein schöner Sklave! Wer will ihn haben?"

Joseph stand da und dachte an seinen Vater und seine Mutter und wäre gern nach Hause gelaufen. Aber er wußte: Wer einmal ein Sklave ist, der sieht seine Heimat und seine Eltern sein ganzes Leben lang nicht mehr.

„Das ist aber eine traurige Geschichte!"

Joseph in Ägypten

Während Joseph auf dem Markt stand, wo man die Sklaven verkaufte, ging ein vornehmer Ägypter vom Hof des Königs über den Platz und schaute sich die gefesselten jungen Männer an. Er sah auch Joseph und fragte: „Was soll der kosten? Ich will ihn haben!" Er zahlte und nahm Joseph mit in sein Haus. Dort mußte Joseph nun von morgens bis abends als Knecht arbeiten, bekam wenig zu essen und wurde viel geschlagen. Wenn er abends todmüde auf sein Lager fiel, weinte er und dachte an zu Hause. „Meinen Vater werde ich nie mehr sehen", dachte er. Aber dann biß er die Zähne zusammen und sagte: „Es nützt nichts, wenn ich hier herumliege und weine. Ich bin jetzt eben ein Sklave, und es ist am besten, wenn ich eine gute Arbeit mache." So waren sie alle mit ihm zufrieden, und weil er klug und zuverlässig war, übergab ihm Potiphar, sein Herr, die Verantwortung für seinen Garten und dann für das ganze Haus, dann auch für die Felder. Schließlich setzte er ihn zum Verwalter seines großen Besitzes ein.

Joseph war zwanzig Jahre alt, als er der oberste Diener im Palast des Potiphar wurde. Er war schön. Er war freundlich zu allen Menschen, und die anderen mochten ihn gerne. Und wenn die Frau des Potiphar ihn sah, dachte sie: „Der ist viel schöner als mein Mann!" Sie liebte ihn und wollte ihn immer in den Arm nehmen, und das durfte sie doch nicht, weil ja Potiphar ihr Mann war und nicht Joseph. Eines Tages sagte sie: „Komm zu mir und küsse mich!" und umarmte ihn. Aber Joseph sagte: „Du bist die Frau des Potiphar, und ich bin sein Diener. Es wäre nicht recht, wenn ich dich lieben würde." Und er riß sich los und wollte weglaufen. Da erwischte sie seinen Rock, aber er ließ den Rock fahren, und sie behielt ihn in der Hand. „Das sollst du mir büßen", dachte sie und legte den Rock auf die Seite, während Joseph in den Garten hinauslief.

Als Potiphar nach Hause kam, rief die Frau: „Potiphar, komm! Schau! Das ist das Kleid deines Sklaven Joseph. Als ich allein im Haus war, kam er hereingelaufen, packte mich und wollte mich küssen. Da schrie ich um Hilfe, und er ließ das Kleid liegen und lief hinaus."

Da wurde Potiphar sehr zornig. Er ließ Joseph fesseln und ins Gefängnis werfen, wo die Verbrecher saßen. Er hörte nicht auf das, was Joseph ihm sagte, sondern nur auf seine Frau.

So ging es Joseph immer schlechter. Erst lag er im Brunnen. Dann stand er als Sklave auf dem Markt. Dann arbeitete er für Potiphar, und jetzt lag er in einem finsteren Loch im Gefängnis. Als er da lag, allein und verlassen in der kalten Zelle, erinnerte sich Joseph, was ihm sein Vater von Gott erzählt hatte. Sein Vater hatte gesagt: „Gott hat mich mein ganzes Leben lang geführt, auch wenn ich in Not war." Und Joseph dachte: „Ich will mich Gott anvertrauen. Vielleicht führt er auch mich." Und er wehrte sich nicht gegen die Aufseher im Gefängnis, schrie nicht und tobte nicht wie die anderen Gefangenen, sondern wartete, ob Gott nicht einen Weg für ihn finden würde.

Da merkte der oberste Aufseher im Gefängnis, daß Joseph anders war als die Straßenräuber und Diebe, die sonst noch im Gefängnis waren. Er dachte: „Das ist ein kluger und tüchtiger Mann. Den mache ich zu meinem Helfer." Und so wurde Joseph bald sein Stellvertreter und durfte für die anderen Gefangenen sorgen.

Eines Tages war große Aufregung. Zwei vornehme Männer vom Hof des Königs wurden in Fesseln ins Gefängnis gebracht. Der oberste Bäcker und der oberste Mundschenk hatten etwas getan, über das der König zornig war, und der König warf sie beide ins Gefängnis. Und der oberste Aufseher im Gefängnis sagte zu Joseph: „Geh und sorge für die beiden."

Als sie ein paar Wochen in dem dunklen Verlies gesessen hatten, kam eines Morgens Joseph, wie jeden Tag, in ihre Zellen und fand, daß sie stumm und traurig dasaßen. Er fragte sie: „Was habt ihr heute?" „Mir hat geträumt", sagte der Bäcker. „Mir auch", sagte der Mundschenk. „Aber Träume sind wichtig, und man muß jemand haben, der sagen kann, was sie bedeuten." „Erzählt mir doch eure Träume", bat Joseph, „vielleicht sagt mir Gott, was sie bedeuten."

Da erzählte der Mundschenk: „Mir hat geträumt: Da stand ein Weinstock mit drei Reben. Der grünte und wuchs und blühte, und seine Trauben wurden reif. Ich hatte den Becher des Königs in der Hand, nahm die Beeren, drückte sie in den Becher aus und gab dem König zu trinken."

Joseph antwortete: „Der Traum bedeutet: Drei Reben sind drei Tage. In drei Tagen wird dich der König aus dem Gefängnis entlassen und dich wieder in dein Amt einsetzen. Aber wenn du wieder frei bist, dann denke an mich und sage dem König, daß ich hier gefangen bin, obwohl ich nichts Böses getan habe."

Danach erzählte der Bäcker: „Mir hat geträumt: Ich trug drei Körbe mit feinem Backwerk auf meinem Kopf und im obersten davon Backwerk für den König. Aber die Vögel fraßen es aus dem obersten Korb." Joseph antwortete: „Der Traum bedeutet: Drei Körbe sind drei Tage. In drei Tagen wird dich der König an den Galgen hängen."

Und so kam es. Der Mundschenk wurde wieder in sein Amt eingesetzt, der Bäcker wurde aufgehängt. Aber der Mundschenk dachte nicht mehr an Joseph, sondern vergaß ihn. Alle hatten ihn nun vergessen: der Mundschenk, Potiphar, die Brüder. Nur der Vater nicht. Und Gott hatte noch etwas mit ihm vor.

Als Joseph ungefähr zehn Jahre im Gefängnis gewesen war, geschah es eines Tages, daß der König selbst einen Traum hatte. Als er erwachte, war er sehr unruhig. Er ahnte, daß der Traum etwas Wichtiges bedeutete, aber er wußte nicht was. Er stand auf und befahl: „Laßt sofort alle Traumdeuter und alle weisen Männer von Ägypten kommen." Als sie alle da waren, ein ganzer Saal voll von klugen Männern, rief er: „Hört meinen Traum und sagt mir, was er bedeutet!

Mir träumte, ich stand am Nil und sah sieben schöne, fette Kühe aus dem Wasser steigen und auf einer Wiese weiden. Danach sah ich sieben häßliche, magere Kühe aus dem Wasser kommen. Die gingen zu den schönen, fetten Kühen und fraßen sie auf. Da erwachte ich. Als ich wieder einschlief, träumte mir noch einmal: Ich stand auf einem Feld. Da war ein Getreidehalm, aus dem wuchsen sieben Ähren, voll und dick von Körnern. Danach gingen sieben dürre Ähren auf, in denen kein Korn war, und die sieben dürren Ähren fraßen die sieben vollen Ähren. Wieder erwachte ich.

Und jetzt, ihr klugen Leute, sagt mir, was Gott mir im Traum hat sagen wollen!" Da dachten die Männer lange nach; es war ganz still, einige schlossen die Augen, damit sie besser denken konnten, andere setzten sich nieder und senkten die Köpfe, aber es wollte ihnen nichts einfallen. Als der König sah, daß sie nichts wußten, rief

er: „Ihr seid mir schöne Traumdeuter! Hinaus mit euch!" Als sie alle draußen waren und der königliche Saal ganz leer war, ging der oberste Mundschenk zum König, neigte sich zur Erde und sagte: „Mein Herr! Ich weiß einen Mann, der dir helfen kann. Es ist ein Sklave aus dem Land Kanaan. Der hat mir im Gefängnis einmal einen Traum gedeutet, und so wie er es gesagt hat, ist es dann auch gekommen. Er weiß mehr von Gott als wir Ägypter, und darum versteht er auch die Träume, die Gott sendet, besser als wir."

Der König antwortete: „Hole ihn her!" Der Mundschenk holte Joseph aus dem Gefängnis, gab ihm neue Kleider und machte ihn so schön, wie er sein mußte, wenn er zum König gehen sollte.

Als Joseph hereintrat, sagte der König zu ihm: „Ich höre, daß du Träume deuten kannst." Joseph antwortete: „Das kann nur Gott. Er selbst muß es uns Menschen sagen." Da erzählte der König seine Träume, den Traum von den Kühen und den Traum von den Ähren. Joseph dachte einen Augenblick nach, dann fing er an zu reden: „Mein König! Gott hat dir gezeigt, was er tun will. Die beiden Träume bedeuten dasselbe. Die sieben schönen Kühe und die sieben dicken Ähren sind sieben reiche Jahre. Es werden sieben Jahre kommen, in denen Ägypten reich sein wird an Vieh und Getreide. Die sieben mageren Kühe und die sieben dürren Ähren sind sieben Jahre der Hungersnot. Die werden nach den sieben reichen Jahren kommen."

Der König erschrak. „Was soll ich tun?" fragte er. Joseph antwortete: „Du kannst die Hungersnot lindern, wenn du in den sieben reichen Jahren einen Vorrat zurücklegst für die sieben Jahre der Not. Du mußt einen tüchtigen und klugen Mann einsetzen, der in den reichen Jahren Getreide einsammelt und es in den Jahren der Hungersnot wieder verteilt."

Der König stand auf, gab Joseph die Hand und sagte zu ihm: „Du bist frei. Du bist kein Sklave mehr. Ich setze dich zu meinem Stellvertreter ein. Sorge du dafür, daß das Getreide in den reichen Jahren eingesammelt und in den Jahren der Not verteilt wird." Und er hängte ihm eine goldene Kette um den Hals, gab ihm königliche Kleider und einen goldenen Wagen. In dem fuhr Joseph von da an durch das Land.

Und er sammelte sieben Jahre lang den Überfluß an Getreide, der im Land wuchs, bis alle Scheunen und Hallen voll waren. Danach kamen die sieben Jahre der Not. Die Menschen hungerten überall im Land, aber sie hungerten nicht nur in Ägypten, sondern auch in den Ländern um Ägypten her. Nur Joseph hatte Getreide in seinen Vorratshäusern. So kamen die Leute aus Ägypten und aus den umgebenden Ländern zu Joseph und kauften bei ihm Korn.

Joseph und seine Brüder

Eines Tages sprach Jakob in Kanaan zu seinen Söhnen: „Ich höre, daß es in Ägypten Getreide gibt. Nehmt die Esel, geht nach Ägypten und kauft Getreide für uns, damit wir nicht verhungern!" Und so machten sich die zehn Brüder auf die Reise; nur Benjamin, der jüngste, blieb zu Hause, weil der Vater sagte: „Ich will ihn nicht auch verlieren wie Joseph."

Joseph aber stand jeden Tag am Tor der großen Halle, aus der das Getreide genommen wurde. Davor drängten sich die Menschen. Eines Tages sah er Männer in den langen Kleidern, die die Hirten zu Hause, in Kanaan, trugen, und als er näher zusah, erkannte er: „Das ist doch Juda! Und das ist Simeon! Und das – ja, das sind alle meine Brüder!" Nur Benjamin sah er nicht.

Als sie vor ihm standen, da zählte er sie. Es waren tatsächlich alle zehn, die ihn damals in den Brunnen geworfen und gesagt hatten „Jetzt weißt du, wo dein Platz ist." „Woher seid ihr?" fragte er mit strenger Stimme. „Aus dem Land Kanaan. Wir möchten Getreide kaufen." Aber sie erkannten Joseph nicht in seinen ägyptischen Kleidern und dem Halsschmuck, den er trug. Da fuhr Joseph sie hart an: „Ihr seid Spione. Ihr wollt nur sehen, wo man in unser Land einfallen kann!" Die Brüder erschraken, denn das bedeutete, daß der ägyptische Herr sie alle töten würde. „Nein, Herr", antworteten sie voller Angst: „Wir sind deine Knechte. Wir sind gekommen, um Brot zu kaufen!" „Nein", wiederholte Joseph. „Ihr seid Spione!" Da wollten sie ihm erklären, daß sie eine Familie von Hirten seien, und sagten: „Herr, wir sind alle zehn die Söhne eines Mannes in Kanaan. Zwölf Brüder sind wir gewesen, einer ist nicht mehr am Leben, der hieß Joseph. Und der Jüngste ist beim Vater zu Hause geblieben."

Aber Joseph hatte Benjamin geliebt, der noch jünger war als er selbst, und er wollte Benjamin gerne wiedersehen. So sagte er: „Ihr seid verhaftet. Einer von euch soll nach Kanaan gehen und euren jüngsten Bruder holen. Daran will ich sehen, ob ihr die Wahrheit sagt. Wenn er ihn nicht bringt, werdet ihr sterben." Und er ließ sie alle miteinander ins Gefängnis werfen.

Nach drei Tagen kam er selbst zu ihnen ins Gefängnis und sagte: „Wenn ihr am Leben bleiben wollt, dann laßt einen von euch hier im Kerker zurück, die anderen können nach Hause gehen und ihren jüngsten Bruder holen. Getreide könnt ihr mitnehmen."

Da waren die Brüder verzweifelt und redeten miteinander. Einer sagte: „Das ist die Strafe dafür, daß wir unseren Bruder Joseph in den Brunnen geworfen und nach Ägypten verkauft haben." Und Ruben sagte: „Ich habe es euch doch gesagt: Tut Joseph nichts zuleide!" Sie wußten aber nicht, daß

Joseph sie verstand, denn er redete ägyptisch und ließ es durch einen Dolmetscher übersetzen. Und er ging plötzlich hinaus, damit die Männer nicht sahen, wie ihm die Tränen kamen. Danach kam er wieder herein, deutete auf Simeon und sagte: „Du bleibst hier", und ließ ihn fesseln.

Danach ließ Joseph ihnen ihre Säkke mit Korn füllen. Er nahm aber ihr Geld und legte es heimlich wieder in ihre Säcke. Und sie luden die Last auf ihre Esel und machten sich auf den Heimweg. Am Abend, als einer seinen Sack öffnete, um seinem Esel Futter zu geben, sah er, daß sein Geld wieder darin lag, und er erschrak, denn er dachte: „Jetzt werden die Ägypter kommen und sagen: Ihr habt uns das Geld gestohlen!" Und sie sahen sich auf dem Weg immer wieder um, ob die Ägypter nicht nachkämen.

Zu Hause erzählten sie alles ihrem Vater Jakob: „Der Herr des Landes sagte: ‚Ihr seid Spione. Wenn ihr beweisen wollt, daß ihr keine Spione seid, dann bringt euren jüngsten Bruder!' Aber Simeon fesselte er und warf ihn ins Gefängnis." Als sie ihre Säcke öffneten, fand jeder sein Geld wieder in einem Beutel im Sack.

Da sprach Jakob: „Ihr nehmt mir alle meine Kinder. Joseph ist nicht mehr da. Simeon ist nicht mehr da. Benjamin wollt ihr auch wegnehmen!" Ruben antwortete: „Gib ihn mir. Ich stehe für ihn ein. Ich will ihn dir wiederbringen." Aber Jakob wollte nicht, und so kam es, daß sie eine lange Zeit zu Hause blieben. Erst als alles Getreide aufgezehrt war, sagte Jakob wieder: „Geht jetzt und kauft uns Getreide." Aber Juda antwortete: „Wir müssen Benjamin mitbringen, sonst dürfen wir dem Herrn von Ägypten nicht wieder unter die Augen treten." „So nehmt Geschenke mit", sagte Jakob, „packt das Beste, das bei uns im Lande wächst, in eure Säcke: Balsam und Honig, Datteln und Mandeln. Und nehmt doppelt so viel Geld mit, damit ihr auch das bezahlen könnt, was ihr das letzte Mal wieder zurückgebracht habt. Vielleicht ist da nur ein Irrtum geschehen." Und so packten sie ihr Gepäck und ihre leeren Säcke wieder auf die Esel und zogen nach Ägypten, und Benjamin ging mit ihnen auf die Reise.

Als die Brüder nach Ägypten kamen und vor Joseph standen, sah Joseph, daß Benjamin dabei war. Er wandte sich an den Verwalter seines Palastes: „Führe die Männer ins Haus und richte ein großes Essen zu." Da sprach der Verwalter zu den Brüdern: „Ihr sollt in den Palast des Herrn kommen. Folgt mir." Und die Brüder dachten: „Das ist, weil wir unser Geld wieder mit nach Hause genommen haben. Jetzt wird man über uns herfallen und uns zu Sklaven machen, wie wir es mit Joseph getan haben." Deshalb sagten sie zu dem Verwalter: „Herr, als wir das letzte Mal hier waren, fanden wir in unseren Säcken unser Geld wieder.

Wir haben es wieder mitgebracht. Wir wissen nicht, wer es in unsere Säcke getan hat." Der Verwalter aber wehrte freundlich ab: „Das Geld hat euch Gott in eure Säcke gesteckt. Ich habe euer Geld erhalten." Und er brachte Simeon aus dem Gefängnis zu den Brüdern.

Man gab ihnen Wasser für ihre müden, heißen Füße, und ihre Esel bekamen Futter.

Sie staunten. Denn sie dachten: „So behandelt man doch keine Spione!" Und sie legten auf einer Matte alle die Geschenke aus, die ihr Vater ihnen mitgegeben hatte.

Als Joseph eintrat, standen sie vor ihm, tief zur Erde geneigt. Und Joseph dachte: „Das ist wie in meinem Traum vor zwanzig Jahren; wie Garben, die auf dem Feld stehen und sich verbeugen, so habe ich sie damals gesehen." Und er lächelte.

„Wie geht es eurem alten Vater?" fragte er freundlich. „Lebt er noch?" Sie blieben tief geneigt und antworteten: „Es geht unserem Vater gut." „Ist das euer jüngster Bruder?" fragte er weiter und gab Benjamin die Hand. „Gott sei dir gnädig, mein Sohn!"

Aber plötzlich konnte Joseph sich nicht mehr beherrschen, so bewegte ihn das Wiedersehen mit seinem kleinen Bruder. Er ging rasch ins Nebenzimmer und weinte dort vor Freude. Dann kam er wieder herein und befahl: „Tragt das Essen auf!" Und er setzte Benjamin sich gegenüber an die Tafel, daneben in einer langen Reihe die Brüder, genau nach ihrem Alter. „Wie kann der wissen, wie alt wir sind?" fragten die Brüder einander und konnten es sich nicht erklären. Und er ließ allen auftragen, aber dem Benjamin gab er von allem mehr als seinen Brüdern und von allem das Beste. Sie tranken Wein und waren mit Joseph zusammen viele Stunden lang sehr fröhlich.

Als das Essen vorbei war, dachte Joseph: „Ich will doch sehen, ob sie nun gelernt haben, füreinander einzutreten." Und er sagte zu seinem Verwalter: „Fülle den Männern ihre Säkke mit Getreide und lege jedem sein Geld wieder in den Sack. Meinen silbernen Becher aber lege oben in den Sack des Jüngsten, des Benjamin!" Und der Verwalter tat es.

Am Morgen, als es hell wurde, ließ man die Brüder ziehen. Als sie aber noch nicht weit gekommen waren, draußen vor der Stadt, sagte Joseph zu dem Verwalter: „Verfolge sie und fordere den Becher zurück!" Der Verwalter ritt ihnen mit vielen bewaffneten Männern nach, und als er sie eingeholt hatte, rief er: „Warum habt ihr die Freundlichkeit meines Herrn mit Bösem vergolten? Ihr habt den silbernen Becher meines Herrn gestohlen!"

Die Brüder waren entsetzt: „Du weißt doch, daß wir dir das Geld vom letzten Mal wiedergebracht haben – wie sollten wir den Becher deines

Herrn stehlen? Wenn einer von uns so etwas getan hat, dann soll er sterben, und wir wollen alle deine Sklaven sein." Der Verwalter antwortete: „Der, bei dem der Becher gefunden wird, soll als Sklave hierbleiben, die anderen können weiterziehen."

Da luden sie alle ihre Säcke von ihren Eseln und öffneten sie. Der Verwalter sah in jeden Sack hinein, ob der Becher darin sei. Er fing bei Ruben an und kam bis zu Benjamin. Und da fand sich tatsächlich der Becher in Benjamins Sack! Die Brüder erschraken bis ins Herz. Es durfte alles passieren, aber nicht, daß Benjamin nicht mehr nach Hause kam! Sie packten in aller Eile ihre Säcke wieder auf die Esel und gingen zur Stadt zurück. Dort warfen sie sich vor Joseph auf die Erde nieder, und Joseph redete sie hart an: „Wie habt ihr euch das gedacht? Wißt ihr nicht, daß ich so etwas durchschaue?"

Juda antwortete: „Wir wollen alle deine Sklaven sein. Es ist klar. Einer von uns hat gestohlen." Joseph aber wehrte ab: „Der Mann, der den Becher hatte, der soll mein Sklave sein. Ihr anderen könnt nach Hause gehen."

Aber da erhob sich Juda und sagte: „Mein Herr, ich möchte noch einmal etwas sagen. Wir hatten einen Bruder namens Joseph. Der ging verloren, und wir wissen nicht, wo er ist. Er war der Liebling unseres Vaters. Unser Vater liebt aber auch den Jüngsten, Benjamin. Als wir wegzogen und Benjamin mitnahmen, mußten wir unserem Vater versprechen, daß Benjamin heil und gesund zu ihm zurückkehre. Kommt Benjamin nicht wieder, dann bricht unserem Vater das Herz. Laß mich an der Stelle Benjamins hierbleiben. Ich will dein Sklave sein. Aber ohne diesen Bruder kann ich nicht nach Hause kommen."

Da konnte Joseph sich nicht länger beherrschen. Er rief den Ägyptern zu, die dabeistanden: „Geht alle hinaus!" Und als er allein war mit den Brüdern, fing er an zu weinen, so daß er kaum sprechen konnte. Die Brüder wußten nicht, was das bedeuten sollte, dann hörten sie, wie er unter Tränen sagte: „Ich bin Joseph! Ich bin euer Bruder, den ihr nach Ägypten verkauft habt." Die Brüder standen starr vor Schrekken: Joseph! Das war Joseph!

„Kommt doch her zu mir", sagte er, aber sie hatten sich noch nicht gefaßt. Sie wären am liebsten weggelaufen. „Habt keine Angst", fuhr Joseph fort, „ich will mich nicht rächen. Es ist gut so, daß Gott mich hierher geführt hat. Denn die Not fängt erst an, und es wird noch fünf Jahre geben, in denen keine Frucht wächst und der Hunger immer schlimmer wird. Es ist gut, daß ich hier bin, damit ihr am Leben bleibt. Das hat Gott so gewollt. Er selbst hat mich hierher geführt und zum Stellvertreter des Königs gemacht.

Aber jetzt geht schnell zu meinem Vater und sagt ihm: ‚Dein Sohn Joseph lebt und ist ein Herr über ganz Ägypten. Er läßt dir sagen: Komm in dieses Land! Bring alles mit, deine ganze Familie mit allen Frauen und Kindern und Knechten und allem Vieh. Ich will dir ein Stück Land geben, auf dem du leben kannst, und will für dich sorgen.'"

Dann fiel er seinem Bruder Benjamin um den Hals, und die beiden weinten miteinander. Und er küßte nacheinander alle seine Brüder und umarmte sie. Da konnten sie wieder sprechen und redeten lange mit ihm, und sie waren unbeschreiblich fröhlich miteinander.

Auch der König hörte, daß die Brüder Josephs aus Kanaan gekommen waren, und er war gerne einverstanden, daß Joseph seine Familie zu sich holte. Und Joseph gab seinen Brüdern viel Nahrung mit auf ihre Reise und schöne, kostbare Gewänder. Es gab ihnen einen Stich ins Herz, als sie die schönen Kleider sahen, denn sie dachten an den bunten Rock, den sie ihrem Bruder vom Leib gerissen hatten. Und sie zogen miteinander noch einmal aus der Stadt und viele Tage lang durch die Wüste nach Hause zu ihrem Vater Jakob.

„Joseph lebt!" rief ihm Ruben entgegen. „Er ist ein Herr über ganz Ägypten!" „Joseph lebt?" fragte Jakob. Er glaubte es kaum, als seine Söhne es ihm erzählten. „Joseph lebt? Ich will zu ihm und ihn sehen, ehe ich sterbe." Und er sammelte all sein Vieh und alle seine Kinder und Enkel und Verwandten zusammen, und sie zogen in einer langen Karawane nach Ägypten.

Als sie aber in die Gegend kamen, in der ihnen Joseph ein Stück Land geben wollte, auf dem sie mit ihren Tieren leben konnten, da fuhr Joseph ihnen auf seinem goldenen Wagen entgegen. Als er seinen Vater sah, sprang er vom Wagen, lief ihm entgegen, nahm ihn in die Arme und weinte lange vor lauter Glück an seinem Hals.

Danach lebte der Vater Jakob noch viele Jahre in Ägypten. Er wurde sehr alt. Aber weil er seinen Sohn Joseph wiedergesehen hatte, starb er zuletzt glücklich und dankbar. Und seine Söhne begruben ihn.

Danach dachten die Brüder: „Nun ist unser Vater tot, nun wird sich Joseph rächen!" Und sie gingen zu Joseph und warfen sich vor ihm auf die Erde. Aber Joseph sprach zu ihnen: „Ihr wolltet mir damals Böses tun. Aber unser Leben liegt in Gottes Hand. Der tut mit uns, was ihm gefällt. Und er hat mich einen guten Weg geführt. Habt keine Angst. Ich will euch und eure Kinder versorgen und bewahren." Und die Brüder und ihre Familien lebten von da an im Frieden im Lande Ägypten.

Wie alles gut wird

Was Mose erlebt hat

Nach langer Zeit, als Joseph gestorben war, lebten seine Kinder und Enkel und die Kinder und Enkel seiner Brüder immer noch in Ägypten. Ihre Enkel hatten wieder Kinder und Enkel und wurden so ein ganzes Volk von vielen Tausend Menschen. Da dachte der König von Ägypten: „Diese Leute gehören nicht zu uns. Sie werden immer mehr, am Ende nehmen sie uns das Land weg. Ich muß sie zu Sklaven machen, dann habe ich sie in der Hand." Man nannte sie die Söhne Israels, denn Israel war der andere Name des Vaters Jakob gewesen.

Und er befahl: „Nehmt den Söhnen Israels ihr Vieh weg. Schickt sie in die Ziegeleien! Dort sollen sie ihr Leben lang arbeiten, jeden Tag von morgens bis abends!" Von Joseph und all dem Guten, das er für Ägypten getan hatte, wußte er nichts mehr.

Schon die kleinen Kinder wurden in die Fabrik getrieben und mußten dort arbeiten. Es war ein großer Jammer. „Unser schönes Vieh!" klagten die Israeliten. „Wir haben doch nichts Böses getan! Warum sollen wir jetzt auf einmal Sklaven sein und Steine schleppen?"

Aber die Ägypter kamen mit Prügeln und Peitschen und trieben sie aus ihren Häusern und Zelten in die Ziegelfabriken.

Noch etwas befahl der König. Er dachte: Sie werden immer mehr. Man muß ihnen ihre Kinder wegnehmen. Und er befahl: „Werft alle Jungen, die auf die Welt kommen, gleich in den großen Fluß, in den Nil!"

Nun erwartete eine Frau von den Israeliten ein Kind. „Hoffentlich ist es ein Mädchen!" sagte sie. „Wenn es ein Junge ist, nehmen sie es mir weg und werfen es in den Nil!" Aber es war tatsächlich ein Junge, ein besonders schönes Kind, und die Frau überlegte: „Wie kann ich mein Kind retten?"

Sie machte aus Schilfrohr ein Kästchen, so groß, daß das Kind hineinpaßte, und machte es wasserdicht mit Teer. Dann ging sie ans Ufer des Nil, dorthin, wo der Palast des Königs war und wo die Tochter des Königs spazierenging, und legte das Kind in seinem Kästchen zwischen das Schilf ins Wasser. Sie dachte: „Vielleicht findet die Prinzessin das Kind und freut sich daran, und es bleibt am Leben!" Ihre Tochter aber, ein Mädchen von zwölf Jahren, blieb in der Nähe, um zu sehen, wie es dem Kind ergehen würde.

Am Abend kam die Königstochter und wollte im Nil baden, und ihre Freundinnen vom Hof kamen mit ihr. Sie sah das Kästchen im Schilf, ließ es holen und sah: „Da ist ja ein Kind drin!" Sie sah, es war ein Junge, drei Monate alt, der schlief, und als das Kind aufwachte und die fremden Menschen sah, weinte es. Der Prinzessin tat es weh, daß die Kinder der Israeliten in den Nil geworfen wurden, und sie sagte zu einer ihrer Freundinnen: „Ich will, daß das Kind bei mir aufwächst, und eine von den israelitischen Frauen soll es stillen." Da sah sie das Mädchen, die Schwester des Kindes, in der Nähe stehen und sagte zu ihr: „Hole mir doch eine von den Frauen der Israeliten, die gerade stillt, dann soll sie mir das Kind pflegen." Das Mädchen strahlte vor Freude, daß ihr Brüderchen leben durfte, und holte ihre Mutter. Die Prinzessin gab ihr das Kind und wußte natürlich nicht, daß das seine Mutter war.

So kam es, daß der Junge am Leben bleiben durfte, und als er so groß war, daß er nicht mehr gestillt werden mußte, gab die Mutter ihn der Prinzessin. Die nannte ihn Mose. Und Mose wuchs am Hof des Königs auf.

Als Mose ein Mann war, dachte er: „Ich bin ein Israelit und nicht ein Sohn der Königstochter. Ich muß mich um mein Volk kümmern, das in den Ziegeleien des Königs arbeiten muß." Er ging hinaus zu ihnen, um zu sehen, wie es ihnen ging. Da sah er, wie ein ägyptischer Aufseher einen Israeliten mit der Peitsche schlug. Mose blickte sich schnell nach allen Seiten um, und als er sah, daß niemand in der Nähe war, nahm er einen Stein und schlug den Ägypter tot. Aber es waren doch Leute in der Nähe gewesen, die hatten es gesehen, und als der König erfuhr, daß Mose einen Ägypter getötet hatte, suchte er nach ihm und wollte ihn bestrafen. Da lief Mose hinaus in die Wüste, wo ihn niemand finden konnte, und lebte lange Zeit bei den Hirten, die in der Wüste hin und her zogen. Er nahm eine Frau aus dem Volk der Hirten, die hieß Zippora, das heißt „Vögelchen", und hütete die Schafe, die der Familie seiner Frau gehörten.

Aber wenn er dort auf einem Stein saß und die Schafe um ihn her weideten, schaute er immer in die Richtung, in der die Sonne untergeht, und dachte: „Dort sind meine Brüder und schuften in den Ziegelfabriken. Ich bin frei. Aber ich kann nichts tun. Was kann ich schon tun gegen die Soldaten des Königs?"

Eines Tages kam er an den heiligen Berg, an dem die Beduinen der Wüste Gott verehrten. Und während er wünschte, er könne seinen Brüdern helfen, und dachte: „Vielleicht hilft mir Gott dabei! Ich will Gott bitten, daß er mir hilft" – da sah er am Hang des heiligen Berges etwas Merkwürdiges. Er sah einen Busch, und der Busch brannte lichterloh. „Wie kann das sein? Hier ist doch niemand. Wie kann der Busch brennen?" dachte er, ging hin und wollte sich das Feuer ansehen.

Als er davor stand, hörte er eine leise Stimme. Die kam aus dem brennenden Busch: „Mose! Mose!" „Wer bist du?" fragte Mose. „Komm nicht näher", sagte die Stimme. „Zieh deine Schuhe aus. Denn der Boden, auf dem du stehst, ist heilig."

Da erkannte Mose, daß er die Stimme Gottes hörte. Er zog seine Schuhe aus, kniete auf die Erde und verbarg sein Gesicht in seinem Mantel.

„Ich bin der Gott deiner Väter. Ich habe Abraham aus dem fernen Land gerufen. Ich habe Jakob und seine Söhne geführt. Ich war mit Joseph. Ich sehe, wie es deinen Brüdern in Ägypten geht. Ich will sie retten und sie in das Land heimführen, aus dem sie kommen. Und du, Mose, sollst zum König gehen und für deine Brüder mit ihm reden, damit er sie freiläßt."

„Mein Gott!" rief Mose. „Das kann ich doch nicht! Wie soll ich schwacher Mensch den König zwingen, meine Brüder freizulassen?"

„Ich will dir helfen", sprach die Stimme. „Geh. Hole dein Volk aus Ägypten hierher in die Wüste. Bring es an diesen Berg. Und führe es von hier nach Hause in seine Heimat!"

Dann hörte Mose nichts mehr. Er zitterte. Er sah zu dem Busch hin. Aber der brannte nicht mehr. „Ich soll nach Ägypten gehen?" wiederholte er. „Was kann ich schon ausrichten?" Aber es war die Stimme Gottes gewesen, die er gehört hatte. Darum ging er zu seiner Frau und ihrer Familie und sagte ihnen Lebewohl. Er nahm einen Esel, lud Vorräte für die Reise auf und machte sich auf den Weg.

Als er zu den Brüdern kam, sagten die: „Das ist doch unmöglich! Wir können doch nicht einfach weglaufen! Sie werden uns wieder einfangen, und es wird schlimmer als vorher."

Der alte König, der nach Mose hatte suchen lassen, war inzwischen gestorben. Der neue wußte nichts mehr von ihm. So konnte Mose vor den König treten. Aber als er ihm sagte: „Gott will, daß du die Israeliten nach Hause ziehen läßt", da sagte der König: „Was du mir von deinem Gott erzählst, interessiert mich überhaupt nicht. Die Söhne Israels sollen arbeiten und sich nicht den Kopf verdrehen lassen!"

Aber in einer Nacht war es dann doch soweit. Ohne daß die Ägypter es merkten, packten die Israeliten ihre Sachen zusammen und gingen in einem langen, langen Zug auf dem Weg, der zur Wüste hinführt, aus der Stadt, und Mose führte sie bis zu dem großen See, der zwischen Ägypten und der Wüste liegt.

Als die Ägypter aufwachten, riefen sie: „Was machen diese Sklaven? Sie laufen ja weg!" Und der König ließ seine Streitwagen anschirren, und ein langer Zug von Soldaten und Wagen fuhr hinter den Israeliten her. Als die Flüchtlinge am Meer standen, vor sich das Wasser, da sahen sie: Hinter uns kommt das Heer des Königs! und sie schrien vor Angst: „Sie werden uns alle umbringen!"

Aber Mose führte sie durch das Wasser, und sie wanderten durch das Schilf hinüber, die ganze Nacht, bis ans andere Ufer.

Als die Streitwagen des Königs am Ufer ankamen und sahen, daß die Is-

raeliten schon weit draußen im Wasser waren, da rief der Anführer: „Auf! Ihnen nach!" Und sie fuhren mit Pferden und Wagen ins Wasser hinein. Aber sie kamen nicht weit. Die Wagen waren zu schwer. Sie versanken im weichen Grund des Sees, und als die Israeliten am anderen Morgen am jenseitigen Ufer standen, sahen sie, wie das Heer des Königs im Wasser unterging.

„Wir sind frei!" riefen sie. Und sie sangen und tanzten und dankten Gott, daß er sie befreit hatte.

Mose führte sie einen langen Weg bis an den Berg Gottes, an dem er den brennenden Busch gesehen hatte, und nach vielen Jahren gelangten sie endlich wieder in das Land Kanaan, wo Abraham, Isaak und Jakob gewohnt hatten. Dort bauten sie sich wieder ihre Häuser.

Und wenn sie an die lange Geschichte dachten, wie Joseph nach Ägypten verkauft wurde, wie die Brüder dorthin gingen und zuletzt ihr Vater Jakob – und wie der König Sklaven aus ihnen machte und sie schließlich durch das Wasser hindurch gerettet und in ihre Heimat geführt wurden, dann sagten sie: „Es sind nicht die Menschen gewesen, die da am Werk waren. Es war Gott. Der hat uns geführt. Der hat uns gerettet. Dem wollen wir uns auch künftig anvertrauen." Und sie dankten Gott.

Wie Samuel Saul zum König machte

So lebten die Söhne Israels, die man auch „Israeliten" nannte, wieder in ihrer Heimat und führten wieder ihre Schafe und Ziegen über die Hügel und über die Weiden, wie ihre Väter und Urväter es getan hatten. Das ging eine lange, lange Zeit, und sie wurden ein großes Volk. Und weil in einem großen Volk nicht jeder einfach tun kann, was er will, wollten sie einen König. „Einer muß regieren", dachten sie.

Nun lebte bei ihnen ein alter Mann, der hieß Samuel. Er hielt die Söhne Israels zusammen und war Richter, wenn es Streit gab. Aber er war kein König. Er war ein Prophet. Gott hatte ihn dazu eingesetzt, daß er den Israeliten immer wieder sagte, was in den Augen Gottes recht und gut war, und die Israeliten gehorchten ihm. Aber er war alt, und die Israeliten dachten: „Er wird nicht mehr lange regieren können. Was tun wir dann, wenn Samuel nicht mehr da ist?"

Sie gingen zu ihm und sagten: „Du bist alt und kannst nicht mehr lange regieren. Setze doch einen König ein, der über uns herrscht." Samuel fragte Gott um Rat, und Gott antwortete ihm mit der leisen Stimme, die auch Abraham gehört hatte: „Ja, gib ihnen einen König!"

Aber wie sollte Samuel das tun? Man kann ja einen König nicht im Ofen backen oder herbeizaubern.

Wen sollte er aussuchen? Woran merkt man, welcher der richtige König ist? Samuel saß abends oft vor seinem Haus und dachte darüber nach.

Einer von den jungen Männern im Volk Israel hieß Saul. Er war ein schöner Mann und um einen Kopf größer als alle anderen jungen Männer. Den rief eines Tages sein Vater: „Saul, hör zu! Die Eselinnen sind weggelaufen. Nimm einen Knecht und suche sie." Da durchstreifte Saul mit dem Knecht zusammen das ganze Bergland, konnte die Tiere aber nirgends finden. Als er einige Tage umhergeirrt war, sagte er zu dem Knecht: „Komm, wir gehen wieder nach Hause, sonst macht sich der Vater um uns Sorgen statt um die Eselinnen!"

An diesem Tage hörte Samuel die leise Stimme Gottes: „Morgen um diese Zeit will ich einen jungen Mann zu dir schicken, den sollst du zum König einsetzen!"

Als nun die beiden, Saul und der Knecht, nach Hause gehen wollten, fiel dem Knecht etwas ein: „Dort auf der Höhe liegt die Stadt Zuf. Dort wohnt Samuel, der Prophet. Den können wir fragen, wohin die Eselinnen gelaufen sind. Vielleicht weiß er etwas? Ihm sagt Gott manchmal etwas, das andere Leute nicht wissen."

„Sehr gut!" sagte Saul. „Wir suchen ihn." Und sie gingen zum Stadttor. Dort kamen ihnen ein paar Mädchen entgegen, die mit Krügen zum Brunnen gingen. Saul fragte sie: „Wo können wir den Propheten finden?", und die Mädchen antworteten: „Ihr habt Glück. Er ist heute da. Wenn ihr euch beeilt, könnt ihr ihn noch treffen, denn er geht gerade zum Fest auf den Berg dort."

Als Samuel eben sein Haus verließ, um zum Fest zu gehen, sah er Saul ins Tor treten und hörte wieder die leise Stimme: „Das ist der Mann, den du zum König salben sollst!" Saul aber ging auf Samuel zu und fragte ihn: „Sag mir doch bitte, wo das Haus des Propheten ist!"

Samuel antwortete ihm: „Ich selber bin der Prophet! Komm mit mir auf den Berg. Du bist heute mein Gast. Und um die Eselinnen mach dir keine Sorgen, sie sind gefunden!" Saul und der Knecht sahen sich überrascht an: Woher konnte Samuel etwas von den Eselinnen wissen? Und sie gingen mit Samuel auf den Berg. Dort war eine große Halle, in der Tische standen, und es war ein reiches Festmahl vorbereitet. Samuel setzte sich oben an den Platz des Hausherrn und gab den beiden die Plätze neben sich. Die Gäste wunderten sich, und auch Saul und sein Knecht konnten es sich nicht erklären. Wie konnte der Prophet zwei hergelaufene junge Männer so als Ehrengäste behandeln?

Als das Fest zu Ende war, ging Samuel mit den beiden zur Stadt hinunter. Der Abend war schön und warm, und Samuel führte Saul auf das flache

Dach seines Hauses. Dort saßen sie, und Samuel redete mit Saul, weil er sehen wollte, welcher Art der junge Mann war und ob er wirklich von Gott ausersehen sei, König zu sein; und Saul schlief danach auf dem Dach. Am Morgen rief ihn Samuel und begleitete ihn und seinen Knecht noch durchs Tor der Stadt. Draußen sagte er zu Saul: „Schicke deinen Knecht ein Stück voraus! Ich habe dir etwas zu sagen!"

Dann blieb er stehen und sah Saul in die Augen: „Was ich dir jetzt sage, das sage nicht ich, das kommt von Gott! Du sollst König über Israel sein!" Er nahm einen kleinen Ölkrug und goß ihm etwas von dem Öl aufs Haar, küßte ihn und sagte: „So setzt dich Gott zum König ein."

Saul stand da und konnte kein Wort sagen. Was sollte das bedeuten? Er, ein König? Den ganzen Heimweg ging er schweigend neben dem Knecht her, und immer ging es ihm durch den Kopf: „Ich soll ein König sein? Ich, ein König?"

Als sie heimkamen, waren die vier Eselinnen tatsächlich schon da. Sie waren gar nicht weit weg gewesen.

Die Ur-ur-ur-urgroßmutter von Suleika war auch dabei. Als Saul heimkam, stand sie im Hof und lachte ganz leise, wie Esel eben lachen, und sagte: „Ich hätte ihm ja sagen können, wo er suchen muß. Aber dann wäre er nicht zu Samuel gegangen, und wer weiß, ob Saul dann König geworden wäre!"

Eine Woche später rief Samuel alle Israeliten zusammen und stellte ihnen Saul als ihren König vor. Sie sahen, daß er ein schöner Mann war, größer als alle anderen. Und sie wählten ihn zum König und schrien vor Begeisterung: „Hoch lebe der König Saul!" Und Saul regierte danach über Israel zwanzig Jahre lang.

Ein kleiner Hirtenjunge

An einem hellen, schönen Abend saßen Raffael und David am Seeufer. Sie hatten ihr Schiff halb aufs Land gezogen und sich auf seinen Rand gesetzt. Vor sich hatten sie ein großes Netz, das war an vielen Stellen zerrissen. Sie nahmen kleine Stücke einer Schnur und banden die Maschen neu zusammen.

„Erst vorgestern habe ich das alles neu gemacht", sagte David und schaute verdrießlich auf das Stück von dem Netz, das er in den Händen hatte. „Es ist immer die gleiche Stelle. Immer gleich daneben reißt es."

Raffael lachte: „Daran mußt du dich gewöhnen. Das ist immer so." Und nach einer Weile fügte er hinzu: „Das ist im ganzen Leben so, nicht nur bei den Netzen. Du bemühst dich, ein guter Mensch zu sein oder wenigstens ein besserer, und du meinst, heute sei es dir gelungen. Und morgen ist wieder alles wie vorher. Aber wenn du dein Netz nicht flicken willst, dann

hast du bald keines mehr, mit dem du Fische fangen kannst.

Kennst du die Geschichte vom König Saul? Der fing als junger, schöner Mann an und wurde ein Held und ein König, und alle liebten ihn. Aber dann machte er einen Fehler und dann noch einen, und dann hatte er kein Glück mehr. Das war wie bei einem Netz, das überall reißt. Er wurde mürrisch, ungerecht und eigensinnig und fragte nicht mehr danach, was Gott eigentlich von ihm erwartet hatte. Zuletzt mußte Gott ihm das Königtum wieder wegnehmen."

„Aber einen hat es doch gegeben, der groß und glücklich gewesen ist", antwortete David. „Mein Vater hat mir einmal gesagt, er habe mich David genannt, weil David vor tausend Jahren ein großer und guter König gewesen sei. Was weißt du von ihm?"

Da erzählte Raffael die Geschichte von König David.

Als Saul ein paar Jahre König gewesen war, saß der alte Prophet Samuel an einem Abend, als es dunkel wurde, vor seinem Haus. Er war müde und traurig. Was hatte er für Hoffnungen in den jungen Saul gesetzt! War der nicht ein schöner und tüchtiger König gewesen? Und nun ging es immer weiter abwärts mit ihm. Jetzt saß er nur noch mit finsterem Gesicht in seiner Burg. Jeder fürchtete sich vor ihm. Was er tat, das war ganz und gar nicht das, was Gott von ihm erwartete.

Als Samuel so saß, schlief er ein wenig ein und hatte einen Traum. Da sprach Gott zu ihm: „Du bist traurig über Saul. Laß deine trüben Gedanken und geh nach Betlehem. Nimm deinen Ölkrug mit. Geh in das Haus des Isai. Einen seiner Söhne habe ich zum König bestimmt." Da erschrak Samuel in seinem Traum und sagte zu Gott: „Das geht doch nicht! Saul wird es erfahren, und wenn er es erfährt, bringt er mich um." Aber Gott redete weiter: „Lade Isai und seine Familie zu einem Festmahl ein. Was du dann tun sollst, das will ich dir zur rechten Zeit sagen." Samuel erwachte. Über ihm stand der Himmel voller Sterne. „Ja", sagte er. „Das will ich tun. Wir fangen noch einmal von vorn an, mit einem neuen König."

Früh am Morgen nahm er seinen kleinen Ölkrug zu sich und ging nach Betlehem. Die Leute der Stadt sahen ihn schon von weitem kommen, gingen ihm entgegen und waren voller Aufregung: „Was bedeutet es, daß du kommst?" „Es bedeutet", antwortete Samuel, „daß ich mit euch hier in Betlehem ein Fest feiern möchte." Und als sie alle beim Fest waren, sah er den ältesten Sohn des Isai, den Eliab, und dachte: „Der ist es, den Gott ausgesucht hat." Aber er hörte die Stimme Gottes sagen: „Schau nicht auf seine Schönheit und seine Größe. Er ist es nicht. Du siehst, was vor Augen ist, ich aber sehe das Herz." Dann rief Isai den Abinadab, und Samuel sah ihn an.

Aber er war es nicht. Dann kam Schamma. Der war es auch nicht. Dann der vierte. Auch der nicht. Der fünfte. Immer noch nicht. Der sechste. Samuel sah ihn an. Nein, der auch nicht. Und schließlich kam der siebte. Der mußte es sein, wenn es alle anderen nicht waren. Aber der war es auch nicht.

Samuel hätte es sofort gespürt, wenn er es gewesen wäre. „Hast du sonst keine Söhne mehr?" fragte er den Vater. „Doch, den jüngsten. Aber der ist noch ein Junge. Er ist draußen auf der Weide und hütet die Schafe."

„Laß ihn holen!" sagte Samuel. „Wir setzen uns nicht zum Essen, ehe er kommt." Inzwischen gingen der Vater und seine Söhne nach draußen und warteten. Es dauerte mehr als eine Stunde. Da hörten sie schnelle, leichte Schritte, und David trat ein. Samuel sah: Er war kleiner als die anderen. Er war ja auch jünger. Aber er war schön, mit schwarzen Haaren, mit großen, dunklen Augen und einem klugen, munteren Gesicht. „Der ist es!" dachte Samuel und sagte: „Knie nieder, David!" Als David vor dem alten Mann kniete, nahm Samuel seinen Ölkrug und goß ihm, wie damals dem Saul, ein wenig von dem heiligen Öl ins Haar. Die Brüder standen dabei und sahen zu. Und Samuel sagte: „David, Gott macht dich zum König Israels! Geh jetzt wieder und hüte die Schafe wie bisher. Eines Tages wird Gott dich rufen, und du wirst König."

David stand wieder auf. Er wußte nicht, was er darüber denken sollte. Aber Samuel, der alte, große Prophet mit seinem mächtigen weißen Bart, nickte ihm zu, und David glaubte ihm. „Ja", sagte David. Und sie feierten ein großes Fest. Aber niemand außer David, seinem Vater und seinen Brüdern wußte, was Samuel zu ihm gesagt hatte.

Nicht lange danach saß Saul, der König, in seinem Zimmer und sah in das brennende Kaminfeuer. Er schaute finster drein. Daß er König war, machte ihm keine Freude mehr. Ihm schien, es sei alles umsonst, was er tat. Jeden von seinen Dienern sah er an, als wäre er sein Feind, und seine Freunde hatten ihn längst verlassen. Er hielt den Speer in der Faust und starrte in die Glut. An der Tür standen seine Diener und dachten: „Wenn er nur nicht wieder wie gestern in seinem Jähzorn alles kurz und klein schlägt!"

Schließlich kam einer der ältesten unter den Dienern vorsichtig ein wenig näher und sagte: „Mein König, du solltest dir jemand holen, der auf der Harfe spielt und dir ein wenig Freude macht. Ich weiß in Betlehem einen Jungen, der wundervoll spielt. Soll ich ihn kommen lassen?" „Ja", knurrte Saul, „schaff ihn her!"

Ein paar Tage danach trat David, seine Harfe unter dem Arm, in den Palast. Saul saß wieder vor dem Kamin und brütete mit düsteren Gedanken vor sich hin. David verbeugte sich und sagte: „Ich bin David aus Betlehem. Ich soll Harfe spielen." „Laß hören!" knurrte Saul und sah ihn so finster an, daß es David angst und bang wurde. Aber dann kniete der Junge rasch auf die Erde, nahm seine Harfe vor und fing an zu spielen. Anfangs ging es nicht so recht, weil er immer zu dem König hinübersehen mußte, der so böse dreinsah. Aber dann machte ihn sein eigenes Spiel fröhlicher. Er spielte und spielte, ein Lied nach dem anderen, wie es ihm gerade einfiel, und die Diener standen hinter der Tür und hörten zu. „Wie wunderbar der Junge spielt!" sagten sie. „Es ist gerade, als käme da plötzlich die Sonne herein."

Als David wieder einmal zum König hinübersah, dachte er: „Ich glaube, der König ist nicht böse, wie die Leute sagen, er ist nur traurig." Und er spielte immer weiter. Als es dunkel war und nur noch wenig Glut im Kamin, stand David auf und ging zu Saul. Der hatte sich in seinem Sessel zurückgelehnt und hatte die Augen geschlossen. „Er schläft", dachte David. Aber dann hörte er den König sagen: „Das war schön, David! Ich danke dir. Kommst du morgen wieder?" „Ja, ich komme morgen wieder", sagte David, verbeugte sich und ging mit seiner Harfe hinaus.

rrr ...
rrr ...

David wird König

Als David ungefähr achtzehn Jahre alt war, hatten die Israeliten einen Krieg mit einem Nachbarvolk. Die nannte man die Philister. In einem weiten Tal trafen die Krieger aufeinander. An der einen Seite, am Hang, standen die Israeliten mit Spießen und Schwertern, an der anderen Seite die Philister. Dazwischen war das Tal. Aber damals führte man einen Krieg manchmal so: Man suchte auf beiden Seiten den stärksten Krieger aus, und die beiden kämpften allein gegeneinander. Wenn einer den anderen besiegt hatte, dann hatte sein ganzes Volk den Krieg gewonnen, und sie gingen alle wieder nach Hause. Dann mußten nicht so viele Menschen sterben.

Im Heer der Israeliten waren damals auch die drei ältesten Brüder Davids. Eines Tages rief ihn sein Vater: „David! Komm! Nimm einen Sack geröstete Körner und zehn Brote und bring sie deinen Brüdern ins Lager. Und diese zehn frischen Käse bringst du dem Hauptmann. Sieh nach deinen Brüdern, ob es ihnen gut geht! Sie sind im Eichental und kämpfen gegen die Philister."

Am anderen Morgen übergab David einem Knecht seines Vaters seine Schafe, lud das Essen für seine Brüder auf einen Esel und wanderte den ganzen Tag, bis er in das Eichental kam. Dort war ein ungeheurer Lärm. Alle, die Israeliten und die Philister, zogen gerade ihre Rüstungen an, setzten die Helme auf, nahmen Schwerter und Spieße in die Hand und schrien wie wild. Die Israeliten schrien: „Euch werden wir zusammenschlagen!" Und die Philister schrien: „Mit euch werden wir noch fertig, ihr Hunde!"

Als David an den Platz kam, wo die Philister und die Israeliten einander gegenüberstanden, schickten die Philister gerade ihren stärksten Kämpfer zwischen die beiden Heere. Der war ein Riese und hieß Goliath. Da wurden die Israeliten blaß vor Schrecken, denn einen solchen Helden, so groß und stark, hatten sie nicht. Goliath trug einen eisernen Helm und einen schweren Panzer, die Israeliten dagegen waren Hirten und Bauern und hatten keine solchen Waffen.

David lief zu den Israeliten hin, legte sein Gepäck ab und suchte seine Brüder. Die standen da und brüllten wie die anderen. „Wie geht es euch?" fragte er sie. Während er ihnen ins Ohr schrie: „Geht es euch gut?", kam gerade der Riese Goliath wieder hergestapft und riß seinen Mund auf: „Wo seid ihr denn, ihr Helden? Habt ihr keinen, der mit mir kämpfen will?"

Da hörte David, wie die Männer um ihn her zueinander sagten: „Der König hat gesagt: Wer diesen Riesen besiegt, der soll einen Sack voll Gold bekommen und meine Tochter dazu!" Da fragte David: „Ist das wahr? Dann muß man den Kerl eben totschlagen! Ist das wahr mit der Königstochter?"

Das ärgerte Davids ältesten Bruder, Eliab, und er fuhr David an: „Du willst hier wohl den Zuschauer spielen und große Reden halten?" Da wehrte sich David und sagte: „Was habe ich denn getan? Man wird doch noch fragen dürfen! Ich möchte gerne hingehen und ihm zeigen, daß auf unserer Seite Gott ist!"

Das erzählte man Saul, und Saul, der König, ließ David kommen. „Du bist zu jung", sagte Saul. „Du kannst es mit diesem Riesen nicht aufnehmen!" David antwortete: „Mit Löwen und mit Bären habe ich schon gekämpft. Einmal kam ein Löwe und packte eines meiner Schafe, da lief ich ihm nach und schlug ihn so, daß er das Schaf losließ. Und als ein Bär kam, packte ich ihn am Fell und schlug ihn tot. Und mit diesem Philister will ich es genauso machen." Da sagte Saul: „Gut, David. Geh hin. Gott helfe dir!"

Und Saul nahm seine schwere eiserne Rüstung aus seinem Zelt und ließ David hineinschlüpfen, er setzte ihm seinen eisernen Helm auf und gab ihm sein schweres Schwert. Aber David ging ein paar Schritte damit und sagte: „So kann ich nicht gehen. Ich brauche das Zeug nicht", und legte alles wieder ab.

Er nahm seinen Stecken in die Hand, ging zu dem Bach, der über die Wiese hinunterfloß, suchte dort fünf große, glatte Steine und steckte sie in seine Hirtentasche. Dann nahm er seine Schleuder in die Hand und ging dem Riesen entgegen.

Der stand da und brachte den Mund nicht mehr zu. Mit großen, runden Augen schaute er David entgegen. Dann lachte er. Er konnte sich kaum fassen vor Lachen. Das ganze Tal hallte von seinem Gelächter wider: „Du kleiner Knirps willst mit mir kämpfen?" Aber dann schaute er auf einmal böse, denn eigentlich war es eine schwere Beleidigung für ihn, daß so ein kleiner Bursche kam und meinte, er werde mit ihm fertig. „Komm nur her!" schrie er. „Ich will dein Fleisch den Geiern hinwerfen und den Wölfen. Die sollen dich fressen!" Aber David antwortete ihm ganz ruhig: „Du kommst zu mir mit einem Schwert, mit einem Spieß, einem Schild und einem Panzer. Ich komme nur mit einer Schleuder, wie wir Hirtenjungen sie haben. Aber mir wird Gott helfen." Und er legte einen schweren runden Stein in seine Schleuder und ließ sie über dem Kopf kreisen, immer schneller, dann ließ er das eine Ende los, und der Stein sauste mit solcher Wucht dem Goliath an die Stirn, daß Goliath zusammenbrach und tot liegen blieb. Als die Philister sahen, daß ihr stärkster Mann tot war, liefen sie, so schnell sie konnten, den Berg hinunter dorthin, wo sie zu Hause waren.

Da schrien die Israeliten vor Begeisterung und ließen David hochleben, hoben ihn auf ihre Schultern und dankten Gott. Und als die Leute in den

Dörfern davon hörten, tanzten sie überall vor Freude und sangen: „Goliath kam mit dem Schwert. David kam mit der Schleuder. Aber Gott half, und Goliath ist tot!“ Und die Leute liebten David.

Saul hatte alles gesehen und dachte: „Den Jungen kann ich nicht nur zum Harfenspiel brauchen, sondern auch als Soldaten. Er soll das Heer führen.“ Und David blieb bei Saul und wurde ein Krieger, und alles, was er mit Sauls Soldaten unternahm, das gelang ihm.

Aber eines Tages kam er aus einem Krieg nach Hause. Er hatte die Feinde vertrieben, und die Leute waren fröhlich und jubelten ihm zu, als er in die Stadt einritt, in der Saul wohnte. Die Frauen und Mädchen sangen auf der Straße: „Saul ist ein Held. Aber David ist noch größer!“ Da dachte Saul: „Das hat mir noch gefehlt. Jetzt jubeln sie David mehr zu als mir.“ Er fing an, David zu hassen, und dachte immer öfter: „Eines Tages bringe ich ihn um.“

Saul hatte einen Sohn, der hieß Jonathan. Er war der Kronprinz und sollte einmal nach Saul König werden. Jonathan liebte David, und eines Tages nahm er David in den Arm und sagte: „Wir wollen Freunde sein und unser ganzes Leben zusammenhalten.“ „Ja“, sagte David zu Jonathan, „das wollen wir tun.“ Und Jonathan, der Königssohn, schenkte David seinen Mantel und seine Rüstung, sein Schwert und seinen Bogen als Zeichen, daß er für immer sein Freund sein wollte.

Saul hatte auch eine Tochter, die hieß Michal. David und Michal liebten einander, und dann heirateten sie. So hatte David einen Prinzen zum Freund und eine Prinzessin zur Frau und war glücklich.

Aber eines Tages rief Saul den Jonathan und sagte mit finsterem Gesicht: „Du mußt dich vor deinem Freund David vorsehen, sonst wirst nicht du König, sondern er wird es. Aber vorher bringe ich ihn um.“ Jonathan aber hielt zu David, ging zu ihm hin und sagte: „Nimm deine Sachen und flieh! Mein Vater will dich töten!“ Und sie verabschiedeten sich und weinten, weil sie einander verlassen mußten, und David floh in die Wüste. Als Saul davon erfuhr, ritt er ihm mit vielen bewaffneten Reitern nach und suchte ihn in den Gebirgen und Schluchten der Wüste. David floh immer weiter, denn er wußte: Wenn er mich findet, schlägt er mich tot. Nur wenige Männer hatte er bei sich.

Als er einmal das Heer Sauls durch ein Wüstental heraufkommen sah, versteckte er sich in einer Höhle im Fels. Saul hatte ihn nicht gesehen, und weil er und seine Soldaten müde waren, rasteten sie vor der Höhle. Saul ging hinein und legte sich zur Ruhe. Hinten in der Höhle aber , wo es ganz dunkel war, saß David mit seinen Männern. Da flüsterte ihm einer von seinen Begleitern ins Ohr: „Das ist deine Gelegenheit! Schlag dem Saul den Kopf ab, dann bist du deinen Feind los.“ David schlich sich mit dem Schwert zu Saul hin. Aber als er ihm ins Gesicht schaute, das so hart und böse schien und wohl nur traurig war, dachte er: „Ihn hat Gott zum König gemacht. Ich darf ihm nichts zuleide tun.“ Er nahm einen Zipfel vom Mantel Sauls in die Hand, schnitt ein Stück ab und schlich ganz leise wieder zurück in den dunklen, hinteren Teil der Höhle.

Nach einer Weile erwachte Saul, stand auf und ging hinaus. Er ließ sich sein Pferd bringen und ritt weiter das Tal hinauf. Als er ein Stück weit geritten war, trat David in den Eingang der Höhle und rief hinunter: „Saul! Hörst du mich? Ich bin David! Du verfolgst mich. Aber ich habe dir nichts Böses getan. Sieh deinen Mantel an. Da habe ich einen Zipfel abgeschnitten! Ich hätte dir auch den Kopf abschlagen können. Aber ich möchte, daß du mit mir in Frieden lebst und nicht im Haß!“ „Tatsächlich!“ antwortete Saul. „Du hättest mich töten können. David, du bist besser als ich. Ich weiß, du wirst einmal König sein. Gott sei mit dir!“ Und als er das gesagt hatte, wendete er sein Pferd und ritt nach Hause.

Später wurde David ein großer König, er gründete ein mächtiges Reich und machte Jerusalem zu seiner Hauptstadt. Sein Sohn Salomo baute dort den Tempel.

Raffael schwieg, und David und er arbeiteten miteinander an ihrem Netz. Nach einer Weile sagte Raffael:

„David war der größte König, den unser Volk je hatte. Es ist schon gut, daß du nach ihm heißt. Es ist auch gut, wenn du so werden willst wie David. Aber wichtig ist nicht, daß du ein großes Reich gründest und viele Feinde besiegst. Wichtig ist, daß du es hörst, wenn Gott dich ruft. Vielleicht hat er eine Aufgabe für dich. Und dann darf dir nichts mehr so wichtig sein wie das, was Gott von dir will. Ob du dann ein König bist oder ein Fischer.“

Raffael und David saßen danach noch lange auf dem Rand ihres Bootes und flickten an ihrem Netz. „David ist nun schon tausend Jahre tot“, sagte Raffael. „Wir würden heute einen König brauchen, der wie David ist. Aber er müßte mehr können als Kriege führen und Feinde besiegen. Er müßte vor allem Frieden schaffen und die Menschen miteinander versöhnen.“

Nach einer Weile sah David zu Raffael hinüber und sagte: „Wer kann das sein?“ Raffael schwieg eine Weile, dann sagte er: „Ich glaube, er müßte wohl so sein wie Jesus.

Der hat einmal gesagt: ‚Ihr sollt auch eure Feinde lieben. Ihr sollt die Bösen nicht totschlagen. Ihr sollt ihnen lieber helfen, daß sie gut werden.‘ Das ist es, glaube ich, was wir brauchen.“

Der Sturm auf dem See

„Schau mal", rief David, als sie eine Weile dagesessen und weiter geflickt hatten. „Schau mal, wie dunkel es wird, dort über dem Berg! Es ist so still über dem See. Ich glaube, es kommt ein Sturm auf!" „Ja", sagte Raffael und stand auf, „wir müssen das Boot weiter aufs Land ziehen." Und als das Boot ganz auf dem Land lag, sah Raffael zu den dunklen Wolken hinauf und sagte: „Ich brauche keinen König David, der mich vor bösen Feinden schützt und dabei andere Menschen totschlägt. Ich fürchte mich nur vor dem Sturm. Der ist stärker als ich. Wenn ich bei Nacht draußen bin und es stürmt und ich jeden Augenblick fürchten muß, daß das Boot umschlägt und zerbricht, dann kommen mir die Wellen immer vor wie schwarze Ungeheuer, die mich verschlingen wollen. Immer neue schwarze Ungeheuer, die auf mich zuspringen. Ich brauche einen, der mir hilft, wenn ich Angst habe." „Ja, das ist wahr. Wie schwarze Ungeheuer!" antwortete David, und dachte an seinen Vater, den die Wellen verschlungen hatten.

„Neulich", sagte Raffael, „neulich hat Petrus mir erzählt, Jesus habe ihnen ein Gebet vorgesagt, das sie jetzt immer sagen, auch wenn sie Angst haben." „Wie heißt das?" fragte David. Und Raffael sagte langsam und sah die Wolken an, die immer dunkler, größer und gefährlicher wurden:

„Vater unser im Himmel!
Geheiligt werde dein Name.
Dein Reich komme.
Dein Wille geschehe,
wie im Himmel, so auf Erden.
Unser tägliches Brot gib uns heute.
Und vergib uns unsre Schuld,
wie auch wir vergeben
unsern Schuldigern.
Und führe uns nicht in Versuchung,
sondern erlöse uns von dem Bösen.
Denn dein ist das Reich
und die Kraft und die Herrlichkeit
in Ewigkeit. Amen.

Und Jesus soll auch gesagt haben: ‚Alles, was euch Kummer macht, sollt ihr Gott sagen. Er weiß es zwar, auch ohne daß ihr es ihm sagt. Aber ihr sollt über alles mit Gott sprechen, und alles, was ihr ihm sagt, sollt ihr in diesem Gebet zusammenfassen.' Und ich glaube, daß Gott uns bei Nacht und im Sturm so nah ist wie am hellen Tag.

Es wird dunkel, David, geh nach Hause. Wir fahren heute nicht. Gute Nacht, David!" „Gute Nacht, Raffael!"

Am selben Tag, als die Sonne noch hell und warm schien, stieg Jesus am anderen Ufer mit seinen Freunden in ein Boot. Sie wollten nach Kafarnaum fahren, um im Haus des Petrus zu übernachten. Aber als sie schon weit draußen auf dem Wasser waren, schauten die Jünger plötzlich zum Himmel hinauf, stießen sich an und sagten: „Schaut mal! Das gibt einen Sturm!" Und sie fürchteten sich. Denn die Stürme auf diesem See waren gefährlich, und oft gingen auch große Schiffe unter. Was sollte da aus ihrem kleinen Segelboot werden? Jesus aber hatte sich hinten ins Boot gelegt und schlief.

Während sie noch so standen und die Wolken anstarrten, brach schon der erste Windstoß herein; das Segel riß sich los und schlug im Wind, die Wellen wurden immer größer, und schon brach die erste mit voller Wucht ins Schiff. „Schöpfen!" schrie einer. Und sie schöpften mit Eimern das Wasser hinaus. Sie schöpften, was sie konnten, aber immer neue Wellen schlugen ins Schiff herein.

„Wo ist Jesus?" schrie einer. „Jesus!" riefen sie durcheinander. Aber der schlief noch immer. „Jesus! Merkst du nichts? Ist es dir gleich, wenn wir untergehen?" Sie rissen an seinem Mantel, und Jesus erwachte. Er sah: Der Sturm war gefährlich. In wenigen Augenblicken konnte er das Schiff zerschlagen. Aber er sah noch einen anderen Sturm, und der war weit gefährlicher. Der tobte in den Männern, die da um ihn her standen. Alles, was er ihnen gesagt hatte über den Glauben, über das Vertrauen, über den Vater im Himmel, war wie weggeblasen. Sie hatten nur noch Angst. Sie zitterten, sie schrien vor Angst, sie wußten nicht mehr aus und ein. Es war wie ein Sturm in ihnen.

„Wißt ihr gar nicht mehr, was ich euch gesagt habe? Könnt ihr nicht mehr sagen: Vater im Himmel? Wo ist denn euer Glaube geblieben?" Und während er sie reihum anschaute, wurde es still in den Männern. „Ja, er hat recht", dachten sie. „Wir sind nicht nur im Schiff, und das Schiff ist nicht nur im Sturm, sondern wir und das Schiff und der Sturm sind in Gottes Hand."

Und Jesus ging nach vorn an die Spitze des Schiffes, als wollte er mit dem Sturm und mit den Wellen reden. Seine Freunde haben danach erzählt, er habe tatsächlich mit dem Sturm gesprochen. Sie standen hinter ihm, und einige schöpften weiter, und sie alle hatten ihr Vertrauen wiedergefunden. Wenige Augenblicke später merkten sie, daß der Sturm nachließ. So plötzlich, wie er gekommen war, verging er wieder. Die Wellen wurden flacher, die Wolken rissen auf. Sterne wurden sichtbar, und schließlich glänzte das Mondlicht über dem See.

Die Jünger brachten das Segel wieder in Ordnung und fuhren durch die Nacht nach Kafarnaum. Aber immer wieder mußten sie ihn anschauen, diesen Jesus, der vorn im Schiff stand und über das Wasser hinschaute, und sie dachten: „Was ist das für einer? Der hat auch den Sturm in der Hand. Nicht nur den, der außen bläst, sondern auch den in uns."

Als sie in Kafarnaum ankamen, wußten sie: In dieser Nacht ist etwas

Großes geschehen, und Gott hat seine Hand im Spiel gehabt. Sie merkten: Jesus ist noch größer als wir bisher gemeint hatten. Aber wer ist er eigentlich?

Sie banden das Schiff am Ufer fest, stiegen aus und gingen hinauf zum Haus des Petrus. Dort war noch Licht. Die Frau des Petrus hatte auf sie gewartet und staunte, als sie ins Zimmer traten: „Wie habt ihr das nur geschafft? Bei diesem Sturm?"

Wie oft soll man neu anfangen?

Wieder wanderten sie durch die Weinberge; unter einem Ölbaum machten sie Rast. Es war heiß, und sie brauchten eine Pause. Da saßen sie, Petrus, der ein Fischer war, Mattäus, der ein Zöllner war, und die anderen; die einen alt, die anderen jung. Die einen gebildet, die anderen ungebildet. Es waren zwölf Männer, und jeder war anders. Manchmal gab es auch Streit.

An dem Tag hatten Petrus und einer der anderen gestritten, und nun saßen die beiden mit finsterem Gesicht da, der eine oben am Hang, der andere unten an der Straße. Da sagte Jesus beiläufig zu Petrus: „Ehe es dunkel wird, gibst du deinem Freund die Hand!" „Dem?" antwortete Petrus.

„Das ist nun schon das sechste Mal, daß der mich ärgert. Der ist schuld, nicht ich." Jesus fuhr fort: „Wer schuld ist, das ist unwichtig. Geh hin und gib ihm die Hand. Die Sonne darf nicht untergehen, solange du zornig bist. Man nimmt keinen Streit über die Nacht mit."

„Das kann ich gut verstehen", dachte Joram, der den Streit schon vorher gehört hatte. „Ich bin manchmal auch wütend. Dann möchte ich gegen eine Wand rennen oder mit den Hufen nach allen Leuten schlagen. Ich möchte mich auf dem Boden wälzen und schreien. Daß der Petrus sich ärgert, das verstehe ich gut. Aber wahrscheinlich hat Jesus ganz recht. Wenn man zornig einschläft, dann träumt man dummes Zeug, und am anderen Morgen geht der Streit weiter und wird immer schlimmer, und am Ende weiß man gar nicht mehr, warum man eigentlich gestritten hat. Aber man hat einen Haß im Bauch und kann kein gutes Wort mehr finden."

Petrus ärgerte sich nun erst recht, daß er dem anderen Jünger die Hand geben sollte, und fragte: „Wie oft soll ich das denn machen? Jetzt ist es schon das sechste Mal, daß ich gute Miene gemacht habe. Siebenmal wird wohl genug sein." Jesus lächelte: „Siebenmal siebzigmal, Petrus!" Der mußte nachrechnen: „Das heißt also vierhundertneunzig Tage lang jeden Tag. Das ist länger als ein Jahr."

Als Jesus merkte, daß Petrus nicht wollte, erzählte er eine Geschichte:

„Es war ein König. Der hatte einen Minister. Dem hatte er vor Jahren einmal viele Tausend Mark geliehen. Aber der Minister konnte nichts zurückzahlen. Er hatte das Geld längst verbraucht. Da befahl der König: ‚Fesselt den Kerl und verkauft ihn auf dem Sklavenmarkt, dann bekomme ich wenigstens einen Teil des Geldes. Und seine Frau und seine Kinder, sein Haus und sein ganzer Besitz sollen auch verkauft werden. Vielleicht wird das Geld dann reichen, die Schuld zu bezahlen.' Und als der Minister gefesselt vor dem König stand, befahl der König: ‚Abführen!'

Da warf sich der Gefesselte voller Verzweiflung vor dem König auf die Knie und rief: ‚Tu das nicht! Ich will ja alles bezahlen. Bitte, tu das nicht!' Da bekam der König Mitleid und sagte: ‚Bezahlen wirst du das zwar nie. Woher willst du das Geld denn nehmen? Was würdest du tun, wenn ich dir die ganze Schuld schenken würde?' Der Minister rief: ‚Ich würde dir dankbar sein bis an mein Lebensende!' ‚Gut. Ich will dir deine Schuld schenken', sagte der König. ‚Steh auf. Geh nach Hause.' Der Minister stand auf, und man nahm ihm die Fesseln ab. Dann verbeugte er sich noch einmal vor dem König bis auf die Erde und sagte: ‚Bis an mein Lebensende werde ich dir dankbar sein!' Und er ging aus dem Saal.

Das Schloß des Königs lag auf einem Berg. Der Minister stand in seinem prächtigen Gewand, mit dem Turban auf dem Kopf und dem Schwert an der Seite da und schaute auf das Feld hinab. Dort arbeitete ein Bauer. Da fiel ihm ein: Das ist doch der, dem ich schon lange einmal hundert Mark geliehen habe! Er ging aus dem Tor und hinunter zu dem Bauern auf seinen Acker und fragte ihn: ‚Wie ist das? Wann bekomme ich mein Geld?' ‚Du bekommst es ganz gewiß', sagte der Bauer, ‚aber ich habe jetzt gerade keinen Pfennig.' Da packte ihn der Minister an der Gurgel und schrie ihn an: ‚Zahle endlich, was du mir schuldig bist! Zahle, du Schuft!' Da bat ihn der Bauer: ‚Warte noch ein paar Wochen, dann will ich es bezahlen!' Aber der Minister wollte nicht, sondern packte ihn und schleppte ihn ins Schloß, holte die Polizei, ließ ihn verhaften und sagte: ‚Abführen! Ins Gefängnis!'

Das sahen andere Leute vom Hof des Königs. ‚Das darf der doch nicht!' sagten sie, gingen zum König und erzählten ihm alles. Der König rief: ‚Holt den Kerl herein!' Und als der Minister wieder vor ihm stand, sagte der König: ‚Ich habe dir deine Riesenschuld erlassen, weil du mich so verzweifelt gebeten hast. Warum hast du mit deinem Schuldner nicht das gleiche getan? Warum hast du nicht auch gesagt: Ich erlasse dir deine Schuld? Nehmt ihn', rief der König den Soldaten seiner Leibwache zu. ‚Fesselt ihn! Werft ihn ins Gefängnis, bis er den letzten Pfennig bezahlt hat!'"

Als Jesus das erzählt hatte, mußte Joram erst recht nachdenken. „Wie hat mein Großvater immer gesagt, wenn Streit war? Ach ja. Er hat gesagt: ‚Der Gescheitere gibt nach. Deshalb geben wir Esel immer nach, und die Dummen regieren die Welt.' Das hat er gesagt. Aber ich glaube, daß Jesus etwas anderes meint. Vielleicht meint er, daß wir den anderen verzeihen sollen, nicht weil wir gescheit sind, sondern weil Gott uns auch viel verzeihen muß. Ja, das meint er. Das ist wahr."

Und er schaute zu Petrus hinüber und dachte: „Das muß sich Petrus aber merken. Er ist ja schrecklich jähzornig und eigensinnig und rechthaberisch. Ich glaube, daß das viel schlimmer ist, als was sein Freund getan hat. Und wenn einer seinem Freund nach einem Streit nicht die Hand geben will, wie will er dann ein Kind Gottes bleiben? Denn das kann er ja nur sein, wenn Gott ihm viel Böses verzeiht."

Petrus schaute auf die Erde vor seinen Füßen, als Jesus das erzählte. Dann drehte er sich um, ging zu seinem Kameraden und gab ihm die Hand: „Komm, wir vergessen es!" Und sie waren wieder Freunde wie vorher.

Wie man glücklich wird

An einem Nachmittag, als sie weit gewandert waren, rasteten sie an einem Brunnen. Es waren viele Leute da, die hören wollten, was Jesus redete. Er setzte sich auf den Brunnenrand, damit alle ihn sehen konnten.

Da fragte ihn ein junger Mann: „Jesus! Meister! Was muß ich tun, daß ich das ewige Leben finde, das Leben nach dem Tod? Niemand weiß davon so viel wie du. Sag es mir!" „Das ist einfach", antwortete Jesus. „Lebe nach den Geboten Gottes!" „Welche meinst du?" fragte der junge Mann. Jesus fuhr fort: „Du kennst doch die zehn Gebote:

Ich bin der Herr, dein Gott,
du sollst keine anderen Götter
neben mir haben.
Du sollst den Namen des Herrn,
deines Gottes,
nicht mißbrauchen.
Du sollst den Feiertag heiligen.
Du sollst deinen Vater
und deine Mutter ehren.
Du sollst nicht töten.
Du sollst nicht ehebrechen.
Du sollst nicht stehlen.
Du sollst gegen deinen Nächsten
nicht falsch aussagen.
Du sollst deinen Nächsten
nicht betrügen.
Du sollst ihn nicht beneiden.
Du sollst deinen Nächsten lieben
wie dich selbst."

Da dachte der junge Mann: „Das weiß doch jeder. Dazu brauche ich Jesus nicht." Und er sagte: „Das habe ich immer getan. Seit meiner Kindheit habe ich mich darum bemüht."

Jesus sah ihn an, den jungen Mann, der ein so schönes Gewand trug und wohl sehr reich war, und dachte: „Es ist ihm ernst." Und er sagte freundlich zu ihm: „Wenn du vollkommen sein willst, dann geh nach Hause, verkaufe dein schönes Haus und deine weiten Felder und Gärten, schenke das Geld den Armen, und wenn du nichts mehr hast, dann komm zu mir. Dann kann ich dich brauchen."

Der junge Mann wurde blaß. Alles verkaufen? Alles verschenken? Das schöne Haus und die Gärten und Felder, die Pferde und die Schafherden? Alles? Nein. Er stand lange da und starrte auf die Erde. Dann drehte er sich um und ging traurig nach Hause.

Da fragten die Jünger: „Ist es denn so schwer, das ewige Leben zu gewinnen?" Jesus antwortete: „Man kann sein Haus nicht in den Himmel mitnehmen. Wer sein Haus festhält, der bleibt eben dort, wo sein Haus ist. Wenn einer mit seinen Sorgen an seinem Geld hängt, bleibt er dort, wo das Geld ist. Er muß loslassen können, wenn er zum ewigen Leben gehen will! Das ist schwer. Aber wenn uns Gott hilft, kann es uns gelingen."

Inzwischen kamen ein paar Frauen dazu, die hatten Kinder auf dem Arm und an der Hand und hörten zu. Eine fragte: „Werden auch unsere Kinder das ewige Leben finden? Kannst du ihnen helfen?" Da knurrte Petrus aus dem Hintergrund: „Das fehlt gerade noch, daß der Meister sich mit euch abgibt! Kommt wieder, wenn eure Kinder verstehen, was Jesus sagt!"

Aber Jesus schüttelte den Kopf. „Meinst du immer noch, Petrus, die Erwachsenen seien besser und frommer und dem Reich Gottes näher als die Kinder? Die Kinder sind sogar näher bei ihm, denn vor Gott haben wir alle nichts zu bringen, sondern müssen unsere Hände aufhalten und annehmen, was er uns schenken will. Und das kann jedes von diesen Kleinen besser als du, Petrus. Wenn ihr nicht so werdet wie diese Kinder, könnt ihr alle miteinander nicht ins Reich Gottes kommen."

Und er setzte sich auf den Brunnenrand, ließ sich eines von den Kindern bringen und fragte: „Wie heißt es?" „Rahel", sagte die Mutter. „Gott segne dich, Rahel!" sagte Jesus, legte seine Hand auf ihr Köpfchen und gab ihr einen Kuß. Und so kamen sie alle nacheinander. Jesus nahm jedes auf den Arm und sagte: „Gott segne dich und behüte dich, Benjamin!" „Gott segne dich und behüte dich, Johanna!" Dann gab er das Kind der Mutter wieder in den Arm, und die Frauen wanderten mit ihren Kindern zurück in ihr Dorf.

Ein wenig abseits unter einem Baum stand Suleika bei Joram und bewegte die Ohren hin und her. Sie dachte an ihr Eselkind Laila, das noch sehr klein war: „Ich muß Laila einmal zu Jesus bringen, damit er sie segnet. Das brauchen die Eselkinder auch. Ja, das nächste Mal nehme ich Laila mit." Und Suleika stand noch lange unter dem Baum und dachte nach.

Die Reise nach Jerusalem

Und wieder wanderten sie. Sie wollten nach Jerusalem. An einem Abend kamen sie an ein fremdes Dorf. In dem Dorf wohnten Samariter. Das waren keine Juden, und zwischen ihnen und den Juden war Feindschaft. Wenn ein Jude an ein samaritanisches Haus kam, ließ der Samariter den Hund los. Und wenn ein Samariter an ein jüdisches Haus kam, jagte ihn der Jude auf die Straße. Sie waren Feinde.

Als Jesus kam, fragte er: „Dürfen wir bei euch übernachten?" Die Leute im Dorf antworteten: „Ihr seid Juden! Macht, daß ihr fortkommt. Wenn ihr nicht verschwindet, könnt ihr was erleben!" Und sie nahmen Prügel in die Hand und hoben Steine auf.

Und Jesus und seine Freunde gingen an dem Dorf vorbei. Da rief Jakobus dem Johannes zu: „Man müßte das ganze Nest anzünden!" „Ja", antwortete Johannes, „dann wäre von dem ganzen Pack nichts mehr da." Und sie fragten Jesus: „Sollen wir nicht Blitz und Donner über sie kommen lassen?" Aber Jesus sagte: „Nein. Mit Totschlägern und Brandstiftern haben wir nichts gemein. Wir helfen den Menschen, daß sie leben können. Wir heilen sie. Wir machen sie glücklicher. Wir behandeln sie freundlich. Wenn diese Leute uns nicht haben wollen, gehen wir einen anderen Weg." Und sie gingen einen weiten Umweg hinunter in die Gegend von Jericho.

Als sie durch Jericho kamen, gingen sie wieder auf derselben Straße, an der früher einmal Zachäus auf dem Baum gesessen hatte. Wieder standen die Menschen wie Mauern rechts und links der Straße und sahen zu, wie Jesus durch den Ort zog. Sie begrüßten ihn, sangen und klatschten. Nur einer sang nicht mit. Der saß hinter den Menschen vor einem Haus, wie Zachäus hinter den Leuten gestanden hatte und nichts sehen konnte. Auch er konnte nichts sehen, aber nicht, weil er klein, sondern weil er blind war.

Der hatte gehört, daß Jesus viele Kranke geheilt hatte. Er wußte auch, daß Jesus wahrscheinlich der neue große König war, der „Sohn Davids", den sie in Jerusalem krönen würden.

Da nahm er allen Mut zusammen und rief: „Jesus! Du Sohn Davids! Du König! Hilf mir!" Aber die Leute um ihn her dachten nicht, daß Jesus sich für einen Blinden Zeit nehmen würde, und fuhren ihn an: „Sei still!" Aber er rief noch lauter: „Jesus, du Sohn Davids! Hilf mir!" „Halt den Mund!" zischten ihn die Leute an. Aber zum drittenmal schrie er mit aller Kraft: „Jesus! Du Sohn Davids! Du König! Hilf mir!"

Da hörte ihn Jesus rufen, blieb stehen und sagte zu den Leuten: „Holt ihn her!" Die drehten sich zu dem Blinden um, der da auf der Straße saß, und sagten: „Du hast Glück! Er ruft dich!" Der warf seinen Mantel ab und ließ seine Tonschale stehen, in der er die Almosen der Leute sammelte, sprang auf und ging zu Jesus hin.

Jesus nahm ihn an der Hand und fragte: „Was soll ich für dich tun?" „Herr", antwortete der Blinde, „ich möchte sehen können, ich bin blind."

Und Jesus legte die Hände auf seine Augen und sagte zu ihm: „Du wirst nun sehen können. Geh. Dein Vertrauen hat dir geholfen."

Da schaute der Blinde um sich und rief: „Ich kann sehen! Ich kann sehen!" Zuerst erschrak er, daß er sehen konnte, und das helle Licht tat ihm weh. Aber dann konnte er sich nicht mehr fassen vor Glück und rief immer noch einmal: „Ich kann sehen!" Er sah Jesus an und dachte: „Das ist also der Meister aus Nazaret, den sie in Jerusalem zum König machen werden! Was soll ich hier in Jericho? Ich werde bei ihm bleiben." Ihm gingen nicht nur die leiblichen Augen auf, so daß er die Menschen sehen konnte und die Tiere, die Häuser und die Bäume. Ihm gin-

gen auch die Augen des Herzens auf, und er konnte verstehen, daß dieser Mann von Gott kam. Das war noch wichtiger für ihn. Er ließ alles liegen und ging hinter Jesus her auf seinem Weg.

Der barmherzige Samariter

So kamen sie in die Wüste Juda und stiegen von Jericho hinauf nach Jerusalem. Das ist ein sehr anstrengender Weg. Heiß und ohne Schatten. Man wandert einen ganzen Tag.

Auf diesem Weg kommt man durch eine tiefe Schlucht, in der viele Höhlen sind. In den Höhlen hausten damals Räuber. Die überfielen immer wieder die einsamen Wanderer, die Reisenden und die Kaufleute, die die Straße am Rand der Schlucht hinunterstiegen nach Jericho oder hinauf nach Jerusalem. Auf der ganzen Strecke gab es kein Haus und keinen Menschen, der den Reisenden hätte helfen können.

Als Jesus und seine Freunde an einen Platz kamen, von dem aus sie in den tiefen, heißen, trockenen Abgrund hinunterschauen konnten, machten sie Rast, und andere Leute, die auf der Straße daherkamen, setzten sich zu ihnen. Einer von ihnen kannte Jesus und fragte ihn: „Was muß man tun, wenn man das ewige Leben gewinnen will?" Jesus antwortete: „Was steht denn in der Bibel?" Der Mann antwortete: „Da steht: Man soll Gott von Herzen lieben und den nächsten Menschen wie sich selbst." Jesus sagte: „Ja. Das ist gut. Tu das, dann wirst du das ewige Leben gewinnen."

Aber der Mann war noch nicht zufrieden: „Da heißt es ‚den Nächsten'. Es gibt doch Menschen, die zwar in der Nähe sind, die mich aber nichts angehen! Manche Menschen sind es wert, daß man sie liebt, manche nicht. Wer ist das: der nächste Mensch?"

Jesus schaute in die Schlucht hinab. Die anderen folgten der Richtung, in die er sah, und schauten ebenfalls hinunter. Dort unten zog sich ein schmaler Weg an den Felsen entlang, unter den Höhlen der Räuber. Und Jesus fing an zu erzählen:

„Es war ein Mann, der ging allein von Jerusalem diesen Weg hinunter nach Jericho. Plötzlich standen zwei Räuber vor ihm, und als er sich umdrehen und fliehen wollte, standen zwei andere hinter ihm. Sie schlugen ihn mit Knüppeln nieder, leerten ihm alle Taschen, zogen ihm sein schönes Kleid aus und ließen ihn liegen. Da lag er nun, halbtot und blutend, und kein Mensch war da, der ihm half.

Nun kam ein Priester des Weges. Der sah den Verletzten reglos liegen. Vielleicht dachte er: ‚Er ist tot, es hat keinen Zweck, ihm zu helfen.' Er sah sich um, ob die Räuber noch in der Nähe seien, ging vorbei und lief, so schnell er konnte, weiter.

Als der Verletzte wieder zu sich kam, konnte er sich nicht rühren vor

Schmerzen. Er versuchte aufzustehen, aber es ging nicht. Die ganze Schlucht war totenstill. Als er um Hilfe rief, antwortete niemand. Er hörte nur das Echo seiner eigenen Stimme.

Aber jetzt! Jetzt hörte er Schritte. Die kamen näher und näher. ‚Jetzt hilft mir jemand', dachte er. Der Mann, den er kommen sah, war ein Diener vom Tempel in Jerusalem. ‚Der wird mir helfen', dachte er. Aber der blieb nur eine Sekunde stehen, dann sah er sich erschrocken um und lief weiter, so schnell er konnte.

Nachdem der Verletzte lange allein gelegen hatte, hörte er wieder Schritte. Schritte eines Esels. Auf einem Esel ritt einer den Fußweg an den Felsen entlang. An seiner Tracht sah der Verletzte: Das ist ein Samariter. Einer von unseren Feinden. ‚Ein Samariter', dachte er , ‚hilft mir nicht', und legte den Kopf ganz verzweifelt wieder auf die Erde. ‚Jetzt wird es bald dunkel', dachte er, ‚dann kommt niemand mehr, und ich bin verloren. Denn in der Nacht, da kommen die Wölfe.'

‚Halt!' rief der Samariter seinem Esel zu. Der blieb stehen. ‚Was haben sie denn mit dir gemacht?' fragte er den Daliegenden. Und er untersuchte seine Verletzungen, wusch sie mit etwas Wein aus, den er in seiner Flasche hatte, und strich Öl darauf. Dann nahm er ein Tuch und verband ihn. Der Verletzte konnte nur sagen: ‚Du bist ein Samariter und hilfst mir?' Der lächelte nur und sagte: ‚Ist doch selbstverständlich. Stehen!' rief er seinem Esel zu. Und dann hob er den fremden, verletzten Mann auf das Tier und half ihm, sich festzuhalten. Er klopfte dem Esel an den Hals und sagte: ‚Geh vorsichtig!' Und während der langsam den steinigen Weg hinunter nach Jericho ging, hielt der Samariter den Verletzten fest, damit er nicht herunterfiel.

Unten kamen sie an ein Gasthaus. Der Wirt kannte den Mann aus Samaria und begrüßte ihn: ‚Wen hast du denn heute bei dir?' ‚Den haben die Räuber in der Schlucht niedergeschlagen. Sei so gut, gib ihm ein Lager, daß er sich erholen kann. Hier!' Er gab dem Wirt ein paar Mark. ‚Er hat kein Geld mehr, das haben sie ihm abgenommen. Wenn er dich mehr kostet als das, dann zahle ich es dir, wenn ich in ein paar Tagen zurückkomme.' Der Wirt half dem Samariter, den Verletzten vom Esel zu heben, und trug ihn in sein Haus."

Als Jesus das erzählt hatte, saßen die Jünger und ein paar andere Leute noch eine ganze Weile still da. Die Jünger dachten daran, daß die Samariter sie neulich nicht hatten aufnehmen wollen, und nun erzählte Jesus eine Geschichte, in der ein Samariter der einzige war, der freundlich war zu einem anderen Menschen. Das konnten sie kaum verstehen. Aber Jesus lächelte sie an, als wollte er sagen: Es kommt nicht darauf an, woher einer kommt, sondern darauf, was er tut.

Und er fragte den Mann, der hatte wissen wollen, wer für ihn der nächste Mensch sei: „Wer von den dreien, der Priester, der Tempeldiener oder der Samariter, hat das Richtige getan?"

Der wollte nicht gleich antworten, denn ihn störte, daß er nun sagen mußte: Der Mann aus Samaria. Aber schließlich antwortete er: „Der sich um den Verletzten gekümmert hat." „Ja", sagte Jesus. „Dann tu dasselbe, wenn du in eine solche Lage kommst. Denn so liebst du Gott und den nächsten Menschen zugleich."

Als sie wieder allein waren, sagte Jesus: „Wenn ihr einem armen Kerl helft, den sie zusammengeschlagen haben, dann bedenkt immer: In jedem Menschen, der eure Hilfe braucht, ist Gott. Als Abraham die drei Männer einlud, weil er dachte: ‚Die sind lange unterwegs, die brauchen Ruhe, die brauchen etwas zu essen, die brauchen etwas zu trinken', da wußte er nicht, daß er Gott selbst zu Gast hatte. Und wenn ihr für einen Verletzten sorgt, dann tut ihr das in Wahrheit mir. Denn ich bin in allen Menschen, die eure Hilfe nötig haben. Wenn ihr einen Kranken besucht, besucht ihr mich. Wenn ihr einem Hungrigen zu essen gebt, gebt ihr mir zu essen. Das ist ein Geheimnis. Aber es ist so: Ihr könnt nicht zu mir gehören wollen und die Kranken, Gefangenen, Armen, Frierenden von euch stoßen. Ich bin, wo Gott ist. Und Gott ist in allen Menschen, die euch brauchen."

Ist Jesus ein König oder nicht?

Wie Jesus in Jerusalem einritt

Von Jericho wanderten sie durch die Wüste hinauf nach Jerusalem. Dort war, wie in jedem Frühling, das Fest. Vor mehr als zwanzig Jahren war Jesus zum erstenmal dagewesen. Er dachte daran, wie er im Tempel gewesen war und dort den Schriftgelehrten zugehört hatte und wie er ganz vergessen hatte, mit seinen Eltern heimzugehen. Das war lange her.

Auf dem Weg waren auch viele andere Leute. Es war ein langer Zug von Menschen mit ihren Eseln, die da hinaufwanderten, und sie sangen die alten Lieder, die sie damals auch gesungen hatten, und freuten sich.

Das Fest fing in Jerusalem in diesen Tagen an. Im Tempel brannten die großen Leuchter Tag und Nacht. Die Menschen drängten sich bei den Gottesdiensten, und die Gärten waren voll von Festpilgern, die sich im Freien ihre Schlafplätze herrichteten. Und die Leute fragten einander: „Habt ihr schon gehört? Jesus aus Nazaret soll kommen!“ „Ich habe ihn schon auf dem Weg gesehen!“ „Wirklich?“ „Den muß ich aber auch sehen!“ „Er ist nicht mehr weit. Er muß heute noch ankommen!“

Es ging von Mund zu Mund, und im Tempel hörten auch die Priester davon. „Der ist gefährlich“, sagten sie. „Der bringt uns das ganze Fest durcheinander! Was machen wir nur, wenn er kommt?“

Je näher sie an Jerusalem herankamen, um so aufgeregter wurden die Jünger. „Wenn wir jetzt in Jerusalem einziehen, dann müssen wir für Jesus ein Pferd beschaffen! Wenn er König werden soll, dann muß er ein Pferd haben. Ein König kommt nicht zu Fuß. Aber woher nehmen wir ein Pferd?“

Als Jesus merkte, was sie besprachen, da rief er zwei von ihnen zu sich: „Hört zu! Dort vorn ist ein Dorf. Es ist das letzte vor Jerusalem. Geht dorthin. An der ersten Straßenecke in dem Dorf steht ein junger Esel angebunden. Bindet ihn los und bringt ihn her. Und wenn euch einer fragt: ‚Was macht ihr da?‘, dann sagt: ‚Jesus, der Christus, braucht ihn.‘ Dann wird er ihn euch lassen.“

Ein junger Esel? dachten die beiden. Ein Esel ist doch nichts! Darauf reiten doch die armen Leute. Ein König reitet auf einem Pferd! Und sie schüttelten die Köpfe. Aber dann gingen sie doch los, kamen ins Dorf und fanden tatsächlich einen jungen Esel und daneben eine Eselin.

Es waren Laila und Suleika. Raffael hatte sie, als er zum Fest wanderte, von Kafarnaum mitgebracht. Er dachte: Vielleicht kann ich Jesus die Suleika geben, wenn ich ihn in Jerusalem sehe. Vielleicht braucht er sie. Und als er in dem Dorf Rast machte, band er Laila und Suleika an einem Baum fest und an einem anderen Joram.

Suleika erschrak. „Laila! Was wol-

len die?" Sie stieß Laila mit dem Kopf an. „Die wollen dich mitnehmen!" Raffael sah die Männer kommen und trat auf die Straße: „Was macht ihr da? Ihr könnt doch den Esel nicht losbinden." Sie antworteten: „Jesus aus Nazaret braucht ihn." „Dann ist es gut", sagte Raffael. „Nehmt auch die Eselin mit, sonst findet der junge Esel nicht mehr zurück."

Den beiden Jüngern fiel ein, daß schon vor vielen hundert Jahren ein Prophet gesagt hatte: „Wenn der König Israels kommt, der von Gott ist, dann wird er nicht stolz auf einem Pferd reiten, sondern bescheiden auf einem Esel:

Ruft in Jerusalem aus:
Euer König kommt!
Auf einem Esel reitet er,
auf dem Füllen einer lastbaren Eselin!
Er wird den Frieden bringen
von einem Meer zum anderen
und bis ans Ende der Erde."

Jesus kam bald nach den Jüngern in das Dorf und sah, daß die Jünger den jungen Esel schon losgebunden hatten.

Als Laila Jesus sah, war sie ganz aufgeregt: „Auf mir reitet Jesus nach Jerusalem! Bald werde ich berühmt sein! Alle Leute werden sagen: Das ist die kleine Eselin, auf der der König eingeritten ist! Und sie werden mich bewundern." Sie war stolz und nahm alle ihre Kräfte zusammen und freute sich, daß sie schon so stark war. Und Suleika stand dabei und fand, daß Laila das schon sehr gut konnte.

Sie stiegen zwischen den Ölgärten ins Tal hinunter, das vor der Stadt lag, und auf der anderen Seite hinauf zum Tor. Dort strömten auf allen Wegen die Festpilger zusammen. Aus allen Richtungen kamen sie durch die Gärten und Felder gezogen und sangen die alten Lieder, in denen steht, daß nun bald der König kommt, den Gott schickt. Vor dem großen Tor aber, durch das sie alle einzogen, standen die Menschen dicht gedrängt.

Als Jesus näherkam, riefen die Leute einander zu: „Dort ist er! Dort! Auf einem Esel!" „Jesus von Nazaret kommt!" Und sie rissen Zweige von den Palmen und streuten sie auf den Weg. „Das ist nicht schön genug!" riefen andere, nahmen ihre farbigen Umhänge von der Schulter und breiteten sie auf der Straße aus.

Und Laila trabte über den bunten Teppich aus Blumen und Zweigen und Kleidern. Und wer das Gesicht eines Esels gut kennt, der konnte sehen, wie Laila strahlte vor Stolz und Freude.

Und Jesus ritt zwischen den jubelnden Menschen in die Stadt ein. Er sah gar nicht wie ein König aus. Er trug keine Krone und keinen roten Mantel und kein Schwert. Das brauchte er alles nicht. Aber viele sahen es: „Der ist unser König! Den schickt uns Gott." Und sie sangen das Lied:

Gepriesen sei, der von Gott kommt. Herr, hilf ihm! Er ist unser König!

Und Jesus winkte ihnen zu und gab vielen die Hand. Aber sie merkten nicht, daß er in seinem Herzen nicht fröhlich, sondern traurig war. Er wußte: „Sie jubeln. Aber bald werden sie enttäuscht sein. Und dann werden sie mich hassen. Ich bin nicht der König, den sie erwarten. Mir geht es nicht um eine Krone und einen Thron, sondern um ihre Herzen."

Aber er lächelte trotzdem freundlich. Er hob die kleinen Kinder zu sich auf den Esel und liebkoste sie. Und die Jünger, die nebenher gingen, lachten und sangen mit. So zog die große, fröhliche Menschenmenge durchs Tor in die Stadt hinein.

Jesus im Tempel

Niemand achtete darauf, daß zwischen den vielen begeisterten Leuten auch einige standen, die die Zähne zusammenbissen und finster blickten. „Was will der hier?" sagten sie zueinander. „Will der hier König werden? Wir werden es ihm schon zeigen."

Jesus sah sie stehen und ritt weiter. Als er an den Tempel kam, stieg er von dem jungen Esel ab, klopfte ihm den Hals und sagte: „Danke, Laila! Du darfst wieder zu Raffael gehen!" Aber Suleika und Laila gingen noch nicht zurück, sondern blieben am Tor zum Tempel stehen und sahen zu, wie es hier nun weiterging. Wie ging es weiter?

Als Jesus in den Tempelhof hineinging, schob sich eine Menge von Kindern und jungen Leuten hinter ihm her, die schrien immer wieder: „Jesus! Du Sohn Davids! Gott sei Dank, daß du kommst! Du sollst unser König sein!"

Aber hier ging es ganz anders zu als draußen. Da standen an der Ecke die Priester zusammen und schauten böse: „Was bildet der sich ein? Was will der hier? Wer hier König wird, das bestimmen wir. Und den, diesen Jesus von Nazaret, wollen wir nicht." Und sie trieben die Kinder wieder zum Tempelhof hinaus, die Treppe hinunter, die sie heraufgekommen waren.

Dann stand Jesus vor dem großen goldenen Tor am Heiligtum. Wie vor zwanzig Jahren, als er als kleiner Junge dort gewesen war. Damals hatte er gewußt: „Da ist mein Vater. Da bin ich ihm nahe. Das ist der heiligste Platz auf der Erde. Da möchte ich immer sein."

Aber es war alles ganz anders geworden. Was war das für ein Lärm? Was für ein Geschrei? Da war ja ein richtiger Jahrmarkt aufgebaut, mitten im Tempel! Da standen Kühe und Kälber. Und die Händler standen dabei und verkauften sie an Festgäste, die auf dem großen Feueraltar ein solches Tier opfern wollten. Ganze Herden von Schafen standen zwischen die Säulen gedrängt, und die Händler warteten, bis ein Festpilger eines kaufte, um es zu opfern. Der schleppte es dann zu den Priestern, die töteten es und verbrannten es auf dem Altar. Da standen Käfige mit Tauben, die man auch opfern konnte, wenn einem ein Schaf zu teuer war. Und weil so viele Festgäste aus dem Ausland kamen, die kein jüdisches Geld hatten, standen da die Geldwechsler hinter ihren Tischen und tauschten das Geld um.

„Was ist das für ein Jahrmarkt?" rief Jesus. „Ist das nun das Haus Gottes, oder ist das eine Räuberhöhle? Seid ihr hierher gekommen, um Geld zu machen? Warum macht ihr das nicht unten in der Stadt, wo der Markt ist? Ist das noch das Haus Gottes oder nicht?"

Und Jesus ging zu einem Ochsen, der an einem Pfeiler angebunden war, löste den Strick von der Wand und von dem Hals des Ochsen, nahm ihn dreifach in die Hand und ließ ihn über den Köpfen kreisen. Er ging zu einem der Geldwechsler und stieß seinen Tisch um, daß das Geld zwischen den Leuten auf die Erde klirrte. Dann ging er auf einen Händler zu, der viele kleine Käfige mit Tauben auf dem Rücken trug, und rief: „Hinaus! Das ist das Haus Gottes und kein Markt!" Und so trieb er einen nach dem anderen aus dem Tempelhof hinaus. „Ist das hier ein Kaufhaus", rief er, „oder ein Heiligtum?"

Schließlich war der Platz fast leer, umgestürzte Tische lagen da, ein paar herrenlose Schafe liefen herum, und einige Händler suchten ihr Geld auf der Erde zusammen. Jesus stand allein auf dem Platz und hatte den Strick in der Hand. Ringsum an den Wänden standen die Priester, die Tempeldiener und ein paar Kaufleute und schrien durcheinander: „Was nimmt sich der hier heraus?" Aber sie waren wie gelähmt. Sie konnten Jesus nichts tun. Nicht nur, weil sie sich vor ihm fürchteten, sondern auch, weil sie sahen, wie viele fromme Besucher des Tempels froh waren, daß Jesus so aufgeräumt hatte. Denn die riefen: „Ja, das ist gut! Jetzt haben wir endlich ein stilles Gotteshaus!"

Suleika und Laila standen noch immer am Eingang und sahen zu. Und Suleika sagte: „Ich fürchte mich. Ich glaube, die Priester tun ihm noch etwas an. Ich glaube, es passiert etwas Schreckliches. Schau nur, wie sie die Fäuste ballen. ‚Mit dir werden wir noch fertig', sagen sie. ‚Das sollst du büßen! Dir stopfen wir noch den Mund!'"

Einer von den Händlern, dem Jesus den Tisch umgeworfen hatte, kam zornig vorbei und schlug seinen Esel mit einem Stecken: „Schau nur", sagte Laila, „wie der seinen Esel schlägt. Warum tut er das?" Suleika ging ein wenig zur Seite, daß er durchkam, und sagte: „Der möchte am liebsten auf

Jesus einschlagen. Aber dazu hat er zuviel Angst. Jetzt schlägt er seinen Esel dafür. Der kann sich nicht wehren. Das machen die Menschen immer so. Habe ich dir eigentlich schon einmal die Geschichte von dem Propheten Bileam erzählt, der seine Eselin schlug?" Laila hob den Kopf und drehte ihn Suleika zu: „Nein. Erzähle!"

„Das ist eine Geschichte, die meine Urgroßmutter erlebt hat. Eigentlich muß man hundertmal Ur-ur-ur-urgroßmutter sagen, weil es schon so lange her ist. Sie erzählte so:

Die Geschichte von dem Mann, der einen Engel nicht sehen konnte

Eines schönen Morgens sagte der große Prophet Bileam zu mir: ‚Auf! Wir haben eine große Reise vor.' Ich stand auf wie immer, ich ließ mir den Wassersack aufhängen und den Futtersack und den Schlafsack des Bileam, und am Ende setzte er sich selber auch noch oben drauf. Du mußt wissen: Bileam war groß und dick und furchtbar schwer. Aber ich sagte mir: Dazu bin ich ja nun ein Esel, daß ich das aushalte, und trabte los.

Dem Bileam war gar nicht wohl in seiner Haut. Das merkte ich gut. Er wußte, daß Gott ihm diese Reise eigentlich verboten hatte. Aber er ging trotzdem. Ich hatte immer das Gefühl: Das muß schlecht enden.

Als ich schon ein paar Stunden getrabt war, stand plötzlich jemand im Weg. Er war nicht ein Mensch, sondern etwas ganz anderes. Er sah hell aus und fast so, als ob er leuchtete. Ich dachte mir: ‚Das ist ein Engel! Der steht im Weg und will nicht, daß wir weitergehen.' Ich machte in meinem Schrecken einen Satz zur Seite und sprang über den Graben in ein Feld hinein. Da schlug Bileam auf mich ein und schrie: ‚Machst du wohl, daß du wieder auf den Weg kommst!' Er hatte den Engel nicht gesehen. Und als ich den Engel auch nicht mehr sah, ging ich auf den Weg zurück und trabte weiter.

Es dauerte nicht lang. Wir gingen durch Weinberge, und rechts und links waren Mauern. Da stand plötzlich der Engel wieder, mit einem Schwert in der Hand. Er sah schrecklich gefährlich aus. Und weil ich nicht vom Weg herunter konnte, drückte ich mich ganz dicht an die Mauer und dachte: ‚Vielleicht komme ich an dem Engel vorbei!' Dabei klemmte sich Bileam den Fuß an der Mauer ein. Da schrie er noch lauter: ‚Dummes Vieh! Kannst du nicht ordentlich in der Mitte gehen?' Und schlug mit dem Stecken auf mich ein. Er konnte einfach den Engel nicht sehen. Als der Engel verschwand, ging ich weiter. Ich hätte Bileam ja eigentlich abwerfen sollen, aber das tun wir

Esel ja nicht. Dazu sind wir viel zu brav.

Schließlich kamen wir durch einen ganz engen Hohlweg. Rechts und links standen Felsen, und da war doch der Engel wieder! Ich dachte: ‚Der Engel will, daß wir umkehren!' Und weil ich nicht ausweichen konnte, ließ ich mich auf die Knie fallen, und fast wäre Bileam gestürzt. Da schlug er wieder zu und schrie: ‚Ich möchte ein Schwert in der Hand haben, dann würde ich dich umbringen!' Zum Glück hatte er keines.

Aber plötzlich blieb er starr stehen mit offenem Mund und schaute auf den Engel. Plötzlich waren ihm die Augen aufgegangen, und er sah ihn stehen mit dem Schwert in der Hand. Bileam stürzte zur Erde und schlug die Hände vors Gesicht. Da redete der Engel und fragte: ‚Warum hast du die Eselin nun dreimal geschlagen? Sei froh, daß sie ausgewichen ist, sonst wärst du nicht mehr am Leben.' ‚Ach', rief Bileam, ‚ich habe dich doch nicht gesehen! Aber wenn du nicht willst, daß ich weitergehe, dann will ich sofort umkehren!'"

„Warum hat Bileam den Engel nicht gesehen?" fragte Laila. „Ich weiß es auch nicht", antwortete Suleika. „Das ist merkwürdig bei den Menschen. Sie denken immer, sie seien klug und wüßten alles und könnten alles, und wenn es darauf ankommt, einen Engel zu sehen, dann sind sie wie blind.

Das ist auch mit Jesus so. Sie sehen einfach nicht, wer er ist. Sie hören ihn an wie jeden anderen. Sie sagen: ‚Er hat recht.' Oder: ‚Das glaube ich nicht.' Und viele ärgern sich. Und wenn er dann sagt: ‚Macht doch eure Augen und Ohren auf, dann könnt ihr merken, daß ich von Gott komme!', werden sie wütend und möchten ihn gerne totschlagen. Und vielleicht werden sie es auch noch tun. Ich fürchte mich."

Während Suleika so redete, kam Jesus auf den Ausgang zu, sah sie stehen, kam zu ihr und Laila und kraulte sie zwischen den Ohren. Dann ging er mit seinen Freunden weiter, die Treppe hinunter zum Stadttor. „Komm, wir gehen", sagte Suleika, und die beiden trabten hinter Jesus her. Er ging den Weg zurück, den er auf dem Esel hergeritten war, und Suleika und Laila gingen hinter ihm her, bis sie wieder bei Raffael waren, draußen in dem kleinen Dorf.

Das letzte Abendmahl

Vier Tage lang gingen Jesus und seine Freunde in Jerusalem aus und ein. Nachts schliefen sie in einem Garten am Ölberg. Morgens gingen sie in die Stadt und in den Tempel. Dort redete Jesus mit den Festgästen, mit den Priestern und mit den Schriftgelehrten. Aber er wußte, daß zu viele dabei waren, die ihn haßten, und daß die führenden Männer am Tempel nur auf eine Gelegenheit warteten, ihn zu verhaften und vor Gericht zu stellen. Denn sie sagten: „Wer von sich behauptet, er komme von Gott, ist ein Lügner und ein Verbrecher."

Nach fünf Tagen lud Jesus seine Freunde zu einem Abschiedsessen ein. Er schickte Petrus und Johannes in die Stadt zu einem Haus, in dem ein Freund wohnte. Die zwei kamen dorthin und baten: „Unser Meister möchte mit uns ein letztes Mal feiern. Du hast doch einen schönen kleinen Saal. Dürfen wir heute abend dort sein?" Und der Mann sagte: „Für den Meister aus Nazaret ist bei mir immer Raum. Kommt nur."

Die beiden kauften noch alles ein, was nötig war, Wein und Brot und Früchte. Es war ein unbeschreibliches Gedränge auf dem Markt und in den Kaufhäusern. Es ging zu wie bei uns am Tag vor Weihnachten.

Sie mußten aber alles so vorbereiten, daß auf den Straßen und in den Nachbarhäusern niemand merkte, daß hier Jesus erwartet wurde, denn die Tempelpolizei war längst in allen Gassen unterwegs und suchte ihn. Als er abends in der Dunkelheit kam, wartete der Hausherr schon unter der Tür. Er ließ die Männer schnell ein, schob den Riegel vor, führte sie ins Obergeschoß und zeigte ihnen den Saal. An den Wänden entlang standen Polsterbänke, und in der Mitte des Zimmers war ein großer, niedriger Tisch, auf dem die Speisen standen. Als der Hausherr sah, daß alles bereit war, ließ er die Gäste allein. Niemand durfte sehen, daß sie da waren. Nicht einmal die Diener durften ihnen aufwarten. Diesen einen Abend sollte Jesus ganz ungestört feiern dürfen.

Jesus legte sich am Kopfende des Saales auf ein Polster, und die Jünger suchten sich jeder einen Platz, möglichst nahe bei Jesus. Die Öllampen verbreiteten ein warmes Licht durch den Raum.

Als alle dalagen und auf das Essen warteten, tat Jesus etwas, das ihnen allen den Atem nahm. Damals kam immer zum Anfang eines Fests ein Sklave herein, der brachte eine Schüssel mit Wasser, ging von einem zum anderen, wusch den Gästen die Füße und trocknete sie an seiner Schürze. Denn die Straßen waren staubig, und zu einem Fest gehörte es, daß die Gäste sich zuerst erfrischten. Diese Arbeit tat immer ein Sklave, nie ein freier Mann. Wer sie tat, der zeigte damit, daß er ein unfreier Mensch war.

Aber an diesem Abend kam kein Sklave. Nur eine Schüssel mit Wasser und eine Schürze hatte Jesus vom Hausherrn erbeten. „Wann kommt der Sklave?“ dachten die Jünger. Sie hatten schon an der Tür ihre Sandalen ausgezogen und warteten nun, daß jemand ihre Füße wusch.

Da stand Jesus plötzlich auf, ohne ein Wort zu sagen. Er ging zur Tür, band sich die Schürze um, nahm die Wasserschüssel und trug sie zu dem Jünger, der am Anfang der Polsterbank lag. Er wusch ihm die Füße und trocknete sie mit seiner Schürze. Die Jünger waren starr vor Staunen und vor Schrecken. „Das gibt es doch nicht“, dachten sie, „daß der Meister vor uns niederkniet und uns die Füße wäscht!“ Aber was Jesus tat, war so unerhört, daß die Jünger keine Worte hatten, um irgend etwas dagegen zu sagen.

Erst als Jesus zu Petrus kam, fand der die Sprache: „Herr! Das gibt es doch nicht, daß du mir die Füße wäscht!“ Aber Jesus sagte nur ganz ruhig: „Was ich da tue, kannst du jetzt noch nicht verstehen. In ein paar Tagen vielleicht, wenn alles vorüber ist.“ „Nein“, rief Petrus, „das lasse ich nicht zu! Du bist nicht mein Knecht!“ Jesus sah auf: „Wenn du dir das nicht gefallen lassen willst, dann gehörst du nicht zu mir.“ „Wenn das so ist“, antwortete Petrus schnell, „dann wasche mir doch auch die Hände und den Kopf.“ Aber Jesus wehrte ab. „Wenn ich dir die Füße gewaschen habe, ist alles gut. Wichtig ist nur, daß du es verstehst.“

So ging Jesus durch den ganzen Raum, kniete wie ein armseliger Sklave nieder und wusch ihnen die Füße.

Als er fertig war, stellte er die Schüssel wieder an den Eingang, legte die Schürze daneben und ging an seinen Platz.

„Wißt ihr, was ich da getan habe?“ fragte er und sah sie alle der Reihe nach an. „Unter den Menschen ist es üblich, daß jeder versucht, ein bißchen wichtiger zu sein als der andere, ein bißchen höher, ein bißchen mehr als der andere. So soll es bei euch nicht sein. Ich, euer Meister, habe euch heute die Füße gewaschen. Wenn ich nicht mehr da bin, sollt ihr es einander tun. Wer von euch etwas Besonderes sein will, der soll euer Diener sein, nicht euer Herr. Aber das werdet ihr erst ganz verstehen, wenn ihr in drei Tagen wieder zusammenkommt. Denn wenn ich sterbe, dann tue ich es für euch. Ich gehe durch den Tod hindurch ins Leben bei Gott und mache euch den Weg frei, damit ihr alle das Leben findet. So bin ich euer Diener.

Das ist nun der letzte Abend, den ich auf der Erde lebe. Aber dieses letzte Fest möchte ich gerne mit euch allen, meinen Freunden, feiern.“

Und Jesus nahm den Kelch mit Wein, der auf dem Tisch stand, und sprach das Gebet, das der Hausherr zu sprechen pflegte:

„Gepriesen seist du, Gott,
der du die Traube,
die Frucht der Rebe, geschaffen hast,
gepriesen seist du, der uns liebt
und uns dies schenkt."

Und er gab den Kelch dem Jünger, der an seiner rechten Seite lag. Der trank einen kleinen Schluck und gab den Kelch seinem Nachbarn weiter, und jeder trank ein wenig davon, bis der Kelch wieder bei Jesus war.

Dann nahm Jesus eine Scheibe von den flachen Broten, die auf dem Tisch lagen, und sprach:

„Gepriesen seist du, Gott,
der du das Brot
aus der Erde hervorbringst."

Und er brach das Brot in Stücke und sagte: „Das bin ich. Wie dieses Brot gebrochen wird, so werde ich gebrochen, damit ihr das Leben habt." Er teilte die Stücke aus, und sie aßen alle davon.

Und er sah sie reihum an und sagte: „Wenn ihr ein Weizenkorn lebendig machen wollt, dann müßt ihr es in die Erde werfen. Dort geht es zugrunde, aber es wächst ein neuer Halm aus ihm und aus dem Halm eine Ähre. In der Ähre sind viele neue Weizenkörner. So ist es auch, wenn ich sterbe. Es wird aussehen, als wäre ich tot. Aber in drei Tagen werdet ihr sehen, daß ich lebe. Und ihr alle werdet auch leben."

Und er nahm noch einmal den Kelch und sagte: „Das bin ich. Wie dieser Wein getrunken wird, so sterbe ich. Aber wie ihr alle von diesem einen Kelch trinkt, so werdet ihr danach für immer zusammengehören als Kinder Gottes.

Wenn ihr wollt, daß aus einer Traube Wein wird, dann müßt ihr sie auspressen. Erst, wenn die Trauben ausgepreßt sind und aussehen, als wären sie tot, kann aus ihrem Saft Wein werden. Wenn sie zugrunde gehen, entsteht etwas Neues und Lebendiges aus ihnen: Wein.

Wenn ihr später miteinander Brot eßt und Wein trinkt, dann denkt an mich und liebt einander, wie ich euch liebe. Daran, daß ihr einander liebt, werden die Menschen merken, daß ihr zu mir gehört."

Nach dem Mahl, als es schon spät war, sangen sie miteinander:

„Danket dem Herrn,
denn er ist freundlich,
und seine Güte währet ewiglich.
Der Herr hilft mir.
Was können mir die Menschen tun?
Ich werde nicht sterben,
sondern leben.
Danket dem Herrn,
denn er ist freundlich
und seine Güte währet ewiglich."

Dann stand Jesus auf: „Kommt! Wir gehen."

Sie stiegen die Treppe hinunter und traten auf die Straße. Es war Nacht, und nur die Lichter in den vielen Fenstern zeigten, daß überall die Menschen zum Fest versammelt waren. Während sie nun auf der dunklen Straße gingen, nahm Jesus den Petrus an seine Seite und sagte zu ihm: „Petrus, diese Nacht wird für euch alle sehr schwer werden. Du wirst an allem verzweifeln, an mir, an dir selbst und an Gott. Aber ich bitte Gott für dich, daß er dir deinen Glauben wieder gibt. Und wenn du wieder fest auf deinen Füßen stehst, dann hilf auch deinen Brüdern, zu glauben."

Sie gingen miteinander die lange, dunkle Treppe hinab, die ins Tal führte, und durch das Stadttor hinaus in die Gärten. Der Mond leuchtete über den Bäumen. Im Schatten eines Ölbaums blieb Jesus stehen und sagte, so daß alle es hörten: „In dieser Nacht werdet ihr mich alle verlassen!" „Auf keinen Fall!" rief Petrus dazwischen. „Ich nicht! Ich bleibe bei dir! Und wenn sie dich vor Gericht stellen und töten – ich bleibe bei dir!" Jesus antwortete – er sagte es leise und ruhig: „Ehe morgen früh der Hahn kräht, wirst du dreimal behauptet haben: Diesen Jesus kenne ich überhaupt nicht."

Sie suchten sich zwischen den Bäumen den Platz, an dem sie auch in den letzten Nächten geschlafen hatten, legten sich nieder und schliefen ein. Nur Jesus nicht. Er wußte, daß er morgen sterben würde, und betete zu seinem Vater im Himmel. Nun war niemand mehr bei ihm als Gott selbst.

Was Petrus nicht aushielt

Die Tempelpolizei war inzwischen in Jerusalem unterwegs. Ein Hauptmann und ein paar bewaffnete Männer mit Spießen und Schwertern gingen durch die Straßen, klopften an die Türen und fragten die Leute: „Habt ihr irgendwo Jesus von Nazaret gesehen?" Auch in dem Haus, in dem Jesus das Abendmahl gefeiert hatte, fragten sie: „Ist hier ein Jesus von Nazaret?" Aber das Haus war leer. Zuletzt stiegen sie die lange Treppe ins Tal hinunter und fanden ihn im Garten. Aber woher wußten sie, daß er dort war?

Das kam so: Einer der Jünger, er hieß Judas, war enttäuscht. Er hatte gehofft, Jesus werde in Jerusalem zum König gekrönt. Aber Jesus wollte keine Krone. Und nun war alles aus. „Nun bin ich", dachte er, „seit drei Jahren mit diesem Jesus im Land umhergezogen, und jetzt, wo das Ziel erreicht ist, da ist alles nichts. Jesus hat mich betrogen", dachte er. Aber eigentlich hatte nur er selber, Judas, sich falsche Hoffnungen gemacht. Er hatte einfach nicht verstanden, daß Jesus auf eine andere Art König war. Ein König ohne Krone und ohne Soldaten. Und darum ging Judas an diesem Abend, während die anderen ins Tal hinunterstiegen, zu den Priestern im Tempel und sagte zu ihnen: „Wenn ihr Jesus finden wollt – ich kann euch sagen, wo er ist! Er ist unten im Garten Gethsemane!" Und er führte den

Hauptmann die dunkle Treppe hinunter, durch das Tor und bis an die Stelle, wo Jesus betete und die Jünger schliefen.

Jesus hörte die Schritte und das Geklirr von Waffen, stand auf und ging den Männern entgegen. „Wer bist du?" fragte der Hauptmann. „Ich bin Jesus von Nazaret", antwortete er. „Wenn ihr mich sucht, dann laßt meine Freunde gehen."

Die Jünger schreckten aus dem Schlaf und sprangen auf. Sie sahen die Soldaten und die Waffen im Mondschein und rannten auseinander. Jeder suchte sich einen Weg zwischen den Bäumen; sie sprangen über die Gartenmauer und zerstreuten sich in der Dunkelheit, damit die Soldaten sie nicht finden konnten. Der Hauptmann aber band Jesus die Hände zusammen und führte ihn mit sich fort, hinauf in die Stadt.

Als Petrus und Johannes sahen, daß die Soldaten abmarschierten und Jesus mitnahmen, kletterten sie über die Mauer zurück und gingen hinter ihnen her in die Stadt. Sie sagten zueinander: „Was wollen die von Jesus? Warum brauchen sie so viele Soldaten wegen des einen Menschen? Und was werden sie jetzt mit ihm tun?" Petrus und Johannes folgten dem Zug immer so dicht, daß sie sehen konnten, wohin man Jesus führte.

Es war nicht viel, was sie sehen konnten. Man führte Jesus in den großen Ratssaal neben dem Tempelgebäude. Dort saß der Hohepriester Kaiphas auf seinem Thron. Man stellte ihm den gefesselten Jesus vor, und Kaiphas verhörte ihn. Petrus und Johannes standen am Eingang zum Saal zwischen vielen Menschen, die alle zusehen und zuhören wollten. Niemand wußte, wer Petrus und Johannes waren. Aber da kam plötzlich eine Magd vorbei, blieb stehen, sah Petrus ins Gesicht und sagte: „Das ist auch einer von denen, die mit diesem Jesus gekommen sind!" „Unsinn!" sagte Petrus. „Ich kenne ihn überhaupt nicht." Die Magd schüttelte den Kopf und ging weiter.

Nach einiger Zeit kam eine Frau vorbei, die an der Tür aufpassen mußte, wer da ein- und ausging. Die sah Petrus, lachte und rief: „Dich kenne ich doch! Schaut alle her! Das ist auch einer von denen, die zu Jesus gehören!" „Nein", schrie Petrus, „ich gehöre nicht dazu! Ich kenne ihn überhaupt nicht!"

Die Nacht war lang, und immer noch wurde Jesus vom Hohenpriester verhört. Da stand einer von den Soldaten, die im Hof an einem Feuer saßen, auf, ging auf Petrus zu und fragte: „Habe ich dich nicht da unten im Garten gesehen? Du warst doch auch bei diesem Jesus von Nazaret!" „Was wollt ihr denn alle?" rief Petrus. „Ich schwöre euch: Ich habe noch nie etwas mit diesem Jesus zu tun gehabt!"

Aber er blieb stehen. Niemand sollte sehen, wie ihm das Herz schlug.

Kaum hatte er das gesagt, da hörte er aus dem Tal den ersten Hahn krähen. Plötzlich fiel ihm ein, daß Jesus gesagt hatte: „Ehe der erste Hahn kräht, wirst du dreimal behaupten: Ich kenne Jesus nicht."Da erschrak Petrus. Er lief hinaus in den grauen Morgen und durch die Straßen und weinte vor Verzweiflung. „Ich liebe ihn doch!" sagte er zu sich. „Ich liebe ihn! Und doch bin ich ein Verräter. Was bin ich doch für ein Feigling!" Lange saß er auf einem Stein und weinte über sich selbst.

Was dann an diesem Tag – es war der Freitag – weiter geschah, sah er nicht. Er hörte nur die Leute reden: „Jetzt führen sie ihn in die Kaserne zum römischen Gouverneur! Zu Pilatus." „Jetzt haben sie ihn zum Tod verurteilt!" „Jetzt wollen sie ihn hinrichten!" „An ein Kreuz wollen sie ihn hängen." Am Abend sagten die Leute: „Jetzt ist er tot!" „Ein paar von seinen Anhängern begraben ihn draußen vor der Stadt."

Die einen, die so redeten, fanden: „Das geschieht ihm recht." Die anderen meinten: „Man hätte ihn nicht zu töten brauchen." Die dritten: „Dafür wird uns Gott noch strafen." Aber niemand merkte, daß Petrus zu Jesus gehörte, und er selber glaubte es auch nicht mehr so recht. „Ich habe ihn ja verlassen", dachte er immer und immer wieder. „Ich bin ein Verräter, und Jesus ist ganz allein gestorben."

Als es wieder Nacht wurde und das Fest in der Stadt weiterging, als wäre nichts geschehen, saßen die Jünger beieinander im Garten, voller Angst und Entsetzen. „Warum haben sie das getan?" „Warum hat Jesus sich das gefallen lassen?" „Er hätte doch Gott um Engel bitten können, die ihn schützen!" Sie waren verzweifelt und wußten nicht, was sie jetzt tun sollten. Sie meinten, nun sei alles aus und vorbei. Aber es war nicht aus. Es kam noch ganz anders. Doch das konnten sie noch nicht wissen.

„Meine
Großmutter
hat immer
gesagt:
‚Der Morgen weiß mehr
als der Abend.'
Schlaf jetzt, Laila.
Es wird alles wieder gut!"

Der Morgen weiß mehr

Ein Mann am Ufer

„Es geht fast kein Wind“, sagte David. Raffael sah zum Segel hinauf und antwortete: „Es genügt, um heimzufahren. Wir haben ja Zeit.“

Es war früher Morgen, feine Streifen Dunst lagen über dem Wasser, und die Sonne war noch hinter den Bergen. David saß am Steuer und achtete auf das Segel. Langsam trieb das Boot dem Ufer zu, und manchmal half Raffael ein wenig mit dem langen Ruder nach. Vor ihnen lagen die Häuser und der Hafen von Kafarnaum.

„Nun haben wir die ganze Nacht gearbeitet. Mindestens zehnmal haben wir das Netz ausgeworfen und wieder eingezogen, und haben nichts gefangen. Was soll ich jetzt heimbringen?“ fragte David. Raffael antwortete nach einer Weile: „Das gehört zu unserer Arbeit. Was meinst du, wie oft ich so mit einem leeren Boot heimgefahren bin? Wir müssen es eben heute abend wieder versuchen.“

Und sie glitten mit ihrem Boot langsam auf das Ufer zu. „Hast du gehört?“ fragte David. „Petrus soll wieder da sein.“ „Ja“, antwortete Raffael, „ich weiß. Aber er ist inzwischen wieder abgereist.“

„Abgereist? Warum?“ fragte David. „Wohin?“

„Das ist eine merkwürdige Sache“, fuhr Raffael fort. Er kam neulich aus Jerusalem. Ich erkannte ihn kaum wieder. Dieser Petrus, der sich immer alles zugetraut hat, hatte überhaupt keinen Mut mehr. ‚Jesus ist tot‘, sagte er. ‚Ich weiß nicht, was ich nun tun soll.‘

Als er mit Jakobus, Andreas und Johannes und einigen anderen im Hafen stand, sagte er: ‚Auf, wir machen unser Schiff klar und gehen fischen!‘ Und sie fuhren miteinander die ganze Nacht auf dem See hin und her. Als sie morgens heimfuhren, hatten sie nichts gefangen. Wie wir heute morgen. Es war ein Morgen wie dieser. Als sie bei der Rückfahrt näher ans Ufer kamen, so hat mir Petrus erzählt, da stand dort, zwischen den Bäumen – dort drüben –, ein Mann am Ufer. Im ersten Licht, als eben die Sonne aufging. Und das, so erzählte er, war Jesus!“

„Wie kann das sein?“ fragte David. „Jesus ist doch tot!“ Aber Raffael schüttelte den Kopf: „Es gibt keine Toten. Die Menschen sterben, und Gott gibt ihnen ein neues Leben. Er sagt zu den Toten: ‚Kommt zu mir!‘ Sie kommen zu ihm, und er macht sie lebendig. Und die Menschen leben wieder. Natürlich ganz anders als hier. Wir haben nur die Augen nicht, um sie zu sehen.

Es ist wie mit den Engeln. Wer die Augen hat, sieht sie, wer die Augen nicht hat, läuft sein Leben lang an ihnen vorbei und sagt: ‚Engel gibt es doch gar nicht.‘

Als Jesus gestorben war, kam er zunächst noch ein paarmal zu seinen Freunden. Sie sahen ihn stehen, eine helle Gestalt wie aus Licht, und sie hörten seine Stimme, die zu ihnen redete. In Jerusalem sahen ihn Maria aus Magdala und zwei andere Frauen, dann sahen ihn alle seine Freunde. Auch Petrus hat ihn gesehen. Aber als Petrus hierher kam, meinte er: ‚Nun ist Jesus endgültig weggegangen.' Er sagte: ‚Wir sehen ihn nicht mehr. Er ist bei Gott.'

Aber als er an dem Morgen neulich, wie wir jetzt, aufs Ufer zufuhr, sah er wieder diese Gestalt aus Licht, und es dauerte eine ganze Weile, bis er begriff, daß das Jesus war. Auch die anderen sahen es nicht gleich.

Als sie schon nahe am Ufer waren, rief der Mann ihnen zu: ‚Habt ihr nichts zu essen?' ‚Nein', riefen sie hinüber. Und er rief zurück: ‚Dann nehmt das Netz noch einmal und werft es aus. Dort! Auf der rechten Seite!' Sie wußten natürlich nicht, warum der Fremde so redete. Er konnte doch nicht wissen, wo es Fische gab! Und sie wußten eigentlich auch nicht, warum sie auf ihn hörten. Aber sie ließen das Netz noch einmal ins Wasser gleiten, fuhren wie immer im Kreis herum, so daß das Netz wie ein runder Zaun im Wasser hing, dann zogen sie es zusammen – und es war tatsächlich voll mit Fischen! ‚Wie konnte der das wissen?' fragte Petrus, und sie sahen alle zu dem merkwürdigen Mann hinüber.

Da stieß Johannes den Petrus in die Seite: ‚Du! Das ist Jesus!' Petrus starrte den Mann am Ufer an, dann nahm er seinen Rock und streifte ihn über, sprang ins Wasser und schwamm, so schnell er konnte, dem Ufer zu. Die anderen fuhren langsam mit dem schweren Schiff hinterdrein und zogen das Netz mit den Fischen.

Während Petrus ans Ufer schwamm, dachte er: ‚Wenn das Jesus ist! Wenn das Jesus ist! Dann muß ich zu ihm hin. Aber kann ich das überhaupt? Dreimal habe ich gesagt: Ich kenne ihn überhaupt nicht. Als Jesus in Not war, als er allein und gefangen war, da habe ich ihn verlassen. Was wird er nun sagen? Aber ich muß zu ihm! Wenn das nur nicht eine Täuschung ist!' Er schwamm, so schnell er konnte, und der Mann am Ufer stand da und sah ihm entgegen. ‚Wenn ich jetzt ans Ufer steige, was wird er sagen? Damals im Garten habe ich geprahlt: Wenn alle dich verlassen, ich will bei dir bleiben! Ich habe dich lieber als alle anderen. Was wird er nun sagen?' Und Petrus suchte mit den Füßen Grund und stieg am flachen Ufer ans Land, bis er gerade vor Jesus stand.

Da hörte er ihn sagen: ‚Petrus! Liebst du mich mehr als die anderen mich lieben?' ‚Ja, Herr', keuchte Petrus, denn er war ganz außer Atem. ‚Du weißt, daß ich dich liebe.' ‚Mehr als die anderen', mochte er nicht sagen, weil er sich schämte. Und wieder hörte er Jesus: ‚Dann geh zu denen hin, die zu mir gehören!' Und Petrus stand da und dachte: ‚Nun bin ich wieder weggelaufen! Aus Jerusalem. Dort sind die vielen Freunde, zu denen ich eigentlich gehöre. Die habe ich allein gelassen wie vorher Jesus selber.'

Jesus fragte noch einmal: ‚Petrus, liebst du mich?' ‚Ja', antwortete Petrus. ‚Du weißt, daß ich dich liebe.' Und Jesus wiederholte: ‚Dann sorge für die, die zu mir gehören!' 'Ja', dachte Petrus, ‚ich muß zurück nach Jerusalem. Ich darf hier nicht bleiben und Fische fangen. Das ist jetzt nicht mehr meine Aufgabe, die anderen brauchen mich.'

Jesus fragte zum drittenmal: ‚Petrus, hast du mich lieb?' Da dachte Petrus daran, daß er dreimal gesagt hatte: ‚Ich kenne ihn nicht.' Nun fragte Jesus dreimal: ‚Liebst du mich?' Und er war ganz verzweifelt und sagte: ‚Herr, du weißt doch alles! Du weißt, daß ich dich liebe!' Und wieder sagte Jesus: ‚Dann steh denen bei, die zu mir gehören. Ich will dir etwas sagen, Petrus. Du bist noch ein freier Mann und kannst tun, was du willst. Wenn du älter bist, dann wird man dich fesseln und vor Gericht stellen, und du wirst einen Weg gehen, den du nicht willst. Du wirst den Weg gehen, den auch ich gegangen bin. Komm! Folge mir nach.' Und Petrus verstand, daß Jesus sagen wollte, er, Petrus, werde so sterben, wie Jesus gestorben war, und er werde auferstehen und leben wie Jesus.

Danach ging Jesus weg. Sie wußten nicht, wie es zuging, aber plötzlich sahen sie ihn nicht mehr. Petrus und die anderen schauten einander an. ‚Ja', sagte einer, ‚wir müssen zurück nach Jerusalem!'

Petrus ging am Ufer entlang hinüber nach Kafarnaum. Dort war sein Haus, das wollte er nun endgültig verschenken. Es gab ja genug Leute, die froh daran waren. Seine Frau wollte ohnedies mit ihm nach einem neuen Weg suchen. Sie hatte schon vorher gesagt: ‚Das hier ist nicht mehr unsere Aufgabe. Wir müssen etwas für das Reich Gottes unter den Menschen tun.'

Als Petrus so das Ufer entlangging, blieb er plötzlich stehen und sah aufs

Wasser hinaus: Ach ja, dort war es! Dort stand ich an einem heißen Tag in meinem Boot; mein Bruder Andreas und ich warfen unsere Netze aus, gleich vor dem Hafen draußen. Da stand Jesus am Ufer wie heute morgen und rief uns zu: ‚Laßt eure Netze liegen! Laßt euer Boot! Kommt! Ich brauche euch! Die Menschen brauchen euch.‘ Und wir fuhren in den Hafen und legten an. Wir legten das Netz ins Boot wie immer und übergaben das Boot unseren Freunden. Wir gingen an Land und schlossen uns dem Mann aus Nazaret an. Und was haben wir dann nicht alles mit ihm erlebt! Es war damals richtig, daß wir mitgingen, und das ist nun unser Weg. Für immer. Ich muß jetzt zurück nach Jerusalem, dort brauchen mich die Menschen. Dort will mich Jesus haben."

Ostern in Jerusalem

Als Raffael so erzählte, ließ David das Schiff noch eine Weile in der Nähe des Ufers im Kreis fahren, damit sie nicht so schnell ans Land kamen, und fragte: „Und den Leuten in Jerusalem ist Jesus auch erschienen?" „Ja", antwortete Raffael, „Petrus hat es mir erzählt, ehe er wieder dorthin zurückging."

Zwei Tage, nachdem Jesus gestorben war, standen einige von den Frauen, die zum Kreis der Jünger gehörten, am frühen Morgen auf, als es noch dunkel war, und gingen vor die Stadt Jerusalem hinaus, in den Garten, in dem Jesus begraben war. Dort war eine Höhle. In der Höhle hatten sie Jesus am Freitagabend bestattet und einen Stein vor den Eingang gewälzt, daß niemand mehr hineingehen konnte.

Als sie ans Grab kamen, es war wie jetzt im ersten Morgenlicht, da sahen sie zwei Männer in leuchtenden, hell glänzenden Kleidern, eigentlich waren es nur Gestalten aus Licht, die sprachen zu ihnen: „Ihr sucht Jesus? Warum sucht ihr ihn bei den Toten? Er ist nicht hier. Er ist auferstanden. Gott hat ihn geweckt. Nun lebt er und wird euch begegnen."

Die Frauen standen starr vor Schrecken. Sie hatten gemerkt: Das sind ja keine Menschen, das sind Engel! Sie rannten in ihrer Angst davon und liefen in die Stadt zurück, weckten die Jünger und riefen: „Jesus ist lebendig! Er ist nicht tot! Er ist auferstanden!" Und die Jünger liefen in den Garten hinaus und wollten nachsehen, was da geschehen war. Aber sie sahen nur das Grab. Jesus sahen sie nicht. Und so gingen sie wieder nach Hause und wußten nicht, was sie denken sollten.

Nur eine, Maria aus Magdala, blieb im Garten. Wie sie so dastand und weinte, sah sie einen Mann kommen. Der fragte sie: „Warum weinst du?" Sie meinte, es sei der Gärtner, und antwortete: „Ich suche Jesus. Wenn du ihn weggetragen hast, dann sag mir, wohin!“ Sie war so traurig, daß sie gar nicht mehr wußte, was sie eigentlich redete. Da sah der Mann sie an und sagte leise: „Maria!“ Als sie ihren Namen hörte, fuhr sie herum und sah: Das war ja Jesus! „Mein Meister!“ rief sie und fiel ihm zu Füßen. Aber Jesus ging einen Schritt zurück und sagte: „Rühre mich nicht an. Ich bin zwischen dieser Welt und der anderen, der Welt meines Vaters, du kannst mich nicht anfassen. Geh aber zu meinen Freunden und sage ihnen, daß ich auf dem Weg bin zu meinem Vater.“

In dem Augenblick verschwand Jesus vor den Augen der Maria. Sie stand auf, lief in die Stadt zurück und rief den Jüngern zu: „Ich habe ihn gesehen! Er hat mit mir gesprochen! Er hat gesagt: Ich bin auf dem Weg zu meinem Vater.“ Und Maria und die Freunde waren glücklich und getröstet, nahmen einander in die Arme und wiederholten immer wieder: „Er lebt!“ „Es ist wahr! Er lebt!“

Als Raffael so weit erzählt hatte, dachte David lange nach. Er schaute über das Wasser hin, aber er sah nicht mehr das Wasser, sondern die Wiese, über die er auf den Berg gegangen war, an dem Tag, an dem er zum erstenmal Jesus gehört hatte. Er sah, wie die Menschen auf der Wiese saßen und wie Jesus den Leuten die Blume zeigte. Er hörte ihn reden wie damals:

„Euer Vater im Himmel weiß, was ihr braucht. Er hat euch das Leben gegeben. Er hat euch die Erde gegeben und alles, was auf ihr wächst. Diesen See mit seinen Fischen. Diese Bäume mit ihren Feigen und Bananen und Datteln.“

Er sah Jesus stehen, wie er die Blume hochhielt und sagte: „Ihr dürft nicht nur die Blume anschauen; ihr müßt durch sie hindurchsehen. Dann seht ihr die Hand, die sie geschaffen hat. Ihr dürft nicht nur die Bäume und die Vögel anschauen, sondern müßt in ihnen die Hand eures Vaters im Himmel sehen, der in ihnen lebt und sie lebendig macht.“

„Das habe ich damals nicht verstanden“, dachte David. „Aber ich glaube, jetzt weiß ich es: Man muß durch alle diese Geschichten hindurchsehen, dann sieht man, wie hinter allem die Hand Gottes ist. Es ist wirklich alles gut.“

Inzwischen waren sie nahe am Hafen. „Komm, wir rudern“, sagte Raffael. „Der Wind schläft vollends ein.“ Sie ruderten das Boot durch den Hafeneingang und legten an, und es schien ihnen, als sei es gar nicht mehr wichtig, daß sie die ganze Nacht nichts gefangen hatten. „Heute abend wieder!“ rief David dem Raffael noch zu und ging nach Hause zu seiner Mutter.

„Das ist aber eine tolle Geschichte!“
„Ja, Laila.
Und es ist schön, daß sie sogar wahr ist!“

Wunderbare Geschichten

Es war ein paar Wochen später, an einem Sabbat, an dem Tag, an dem man nicht arbeitete. Es war dunkel in den Straßen zwischen den Häusern in Kafarnaum. Raffael stand vor der Tür seines Hauses. Da kam ein Mann mit einem Esel auf ihn zu und fragte ihn: „Bist du Raffael?" „Ja", antwortete der. „Ich bin Ananias. Ich komme aus Jerusalem. Ich habe Grüße von Petrus." Raffael gab ihm die Hand: „Wenn du Grüße von Petrus hast, bist du selbstverständlich unser Gast, solange du willst." „Ich danke dir", antwortete der Mann und führte seinen Esel in den Hof. „Ich muß allerdings morgen früh weiterreisen. Ich bin unterwegs nach Damaskus. Aber ich bin dir dankbar, wenn ich in dieser Nacht bei dir bleiben darf. Wer ist das?" Ananias wandte sich an den Jungen, der hinzukam. „Das ist David", sagte Raffael. „Er arbeitet mit mir zusammen im Boot." „Jesus ist Herr", sagte Ananias und gab David die Hand. Der wußte nicht recht, was er sagen sollte. Jesus ist Herr? Grüßen sich so die Christen?

„Komm, wir gehen nach oben!" Raffael wies mit der Hand auf die Treppe, die außen am Haus auf das flache Dach hinaufführte. Sie setzten sich dort oben, Raffael und Ananias, während David sich auf den Rücken legte und in die Sterne hinaufsah.

„Ich möchte gerne von dir hören", fing Raffael an, „wie es in Jerusalem steht." Ananias schaute über den See hin und fing an zu erzählen.

„Es sind in den letzten Wochen merkwürdige Dinge geschehen, seit Petrus von hier wieder nach Jerusalem kam. Es war so, als wäre Jesus uns so nahe, daß er nur durch die Tür zu treten brauchte, um bei uns zu sein. Es war, als wäre er immer um uns her. Manchmal riß etwas auf wie ein Vorhang, den man wegzieht, und wir sahen ihn. Aber dann war plötzlich alles zu Ende. Ich war an dem Tag nicht dabei, aber ich habe es mir erzählen lassen.

Es muß so zugegangen sein: Ein paar Tage vor dem Pfingstfest sahen sie Jesus stehen wie ein feines Licht. Er ging ihnen voraus aus der Stadt, hinunter ins Kidrontal und auf der anderen Seite wieder hinauf auf die Höhe des Ölbergs, und die Jünger folgten ihm, atemlos vor Erregung. Was wollte Jesus auf dem Ölberg?

Was dann dort geschah, das haben sie ganz verschieden erlebt. Einer sagte: ‚Es war so, als ginge Jesus einfach weg. Er war nicht mehr da. Er blieb stehen – und ging weg.' Ein anderer sagte: ‚Wir sahen ihn immer blasser und undeutlicher, so, als verdeckte ihn eine Wolke.' Ein dritter erzählte es genauer: ‚Jesus sagte noch: In wenigen Tagen will ich den Geist Gottes auf euch herabsenden. Dann sollt ihr nach allen Seiten auseinandergehen, in die Städte der Umgebung, in alle Länder in der ganzen Welt und sollt den Menschen sagen, was ihr von Gott wißt und was ich euch gesagt habe.'

Ein anderer erzählte: ‚Jesus redete noch mit uns, dann breitete er die Arme aus und segnete uns, dann wurde er emporgehoben, und wir sahen ihn nicht mehr. Er ist jetzt im Himmel. Bei Gott. Er ist nun der Herr nicht nur seiner Freunde und seiner Gemeinde, sondern der Herr über die Welt.'

An dem Tag wußten wir alle nicht, ob wir glücklich sein sollten oder verzweifelt. Wir hatten ihn gesehen und wußten, daß er lebte und daß wir uns nicht getäuscht hatten. Aber wir wußten auch, daß wir jetzt auf dieser Erde allein waren.

Danach kamen wir jeden Tag in dem Haus zusammen, in dem wir das letzte Abendmahl mit Jesus gefeiert hatten, und es war immer, als wären in uns zwei Menschen. Der eine war glücklich, weil er wußte: Jesus ist der Herr. Er hat unser Leben in der Hand, und er hat in seiner Hand auch die ganze Welt. Der andere war unglücklich, weil Jesus weggegangen war und wir so untätig zusammensaßen und nicht wußten, was wir nun tun sollten. Dann kam wieder so ein besonderer Tag, an dem alles anders wurde. Es war das Pfingstfest. Das Erntefest. Überall auf den Feldern wurde das Korn geschnitten, und von überallher brachten die Pilger die ersten Garben nach Jerusalem zum Tempel. Überall feierten die Menschen den Dank für die Ernte.

Wir saßen schon am frühen Morgen wie fast jeden Tag im Saal oben im Haus. Einer erinnerte sich: Vor zwei oder drei Jahren, es war ein paar Tage vor dem Erntefest, hat Jesus gesagt: ‚Seht euch die Felder an. Sie sind schon ganz hellgolden, fast weiß. Sie sind reif. Das Korn wartet auf den Schnitter. So ist es auch mit den Menschen. Sie warten darauf, daß jemand zu ihnen geht, sie zusammenholt und heimbringt zu Gott.' Vielleicht ist jetzt auch für uns Erntezeit? Jesus hat das Korn in die Erde geworfen: Das Wort von Gott. Vielleicht sollen wir jetzt die Erntearbeiter sein, die die reife Frucht, die Herzen der Menschen, einbringen?

Während wir so miteinander redeten, kam plötzlich etwas über uns wie ein Sturm. Es war, als wehte ein Wind durchs Haus, und als würden wir alle durcheinandergewirbelt. Es war, als wäre das Haus voll Feuer und voll Licht. Dann, nach wenigen Augenblikken, war wieder Stille. Aber wir waren ganz und gar verwandelt. Wir sprangen von den Bänken und sangen und redeten durcheinander. Und einige riefen: ‚Das ist es! Das ist es, was er gesagt hat!' ‚Das ist der Geist Gottes!' Wir umarmten uns und konnten gar nicht recht in Worte fassen, was uns erfüllte. Immer wieder riefen wir durcheinander: ‚Das ist es, was Jesus uns versprochen hat! Nun will er, daß wir aus unserem Versteck hervorkommen und zu den Menschen reden!' Einige Leute auf der Straße hörten, daß wir solchen Lärm machten, und blieben unten stehen, von den anderen Häusern sahen sie herüber, und schließlich staute sich eine große Menge vor der Tür. ‚Die sind verrückt!' sagten einige. ‚Die sind betrunken', sagten andere. Aber Petrus ging zu ihnen hinaus und sagte: ‚Wir sind weder verrückt noch betrunken. Wir freuen uns nur, daß Jesus lebt und bei uns ist. Und er ist auch bei euch, wenn ihr zu ihm gehören wollt.' Und viele Leute baten uns: ‚Laßt uns auch dazugehören! Wir möchten auch glauben, daß Jesus lebt!'

Seitdem reden wir mit den Leuten in Jerusalem von Jesus, wo immer wir Gelegenheit haben, und viele schließen sich uns an. Unsere Gemeinde wird täglich größer, und es ist eine große Freude und Begeisterung. Die Leute lachten anfangs über uns, dann hörten sie uns zu und wollten alles genauer wissen. Am Ende fragten sie uns: ‚Was sollen wir denn nun tun?' Und wir wußten mit einemmal: Jesus hat sich doch taufen lassen, und wir alle sind im Jordan getauft worden! Nun müssen wir diese Leute auch taufen und ihnen helfen, daß sie glücklich werden.

Wir sind ein Herz und eine Seele. Keiner sagt von seinem Haus: Das gehört mir. Es gehört allen. Keiner sagt von seinem Garten: Der gehört mir. Er gehört allen gemeinsam. Und keiner sagt von seinem Geld: Das gehört mir. Wir leben alle gemeinsam davon."

Komm mit, Raffael!

Raffael und David waren so gespannt auf alles, was Ananias erzählte, daß sie gar nicht merkten, wie spät es schon war.

„Natürlich sprach man bald in ganz Jerusalem davon. Auch die Priester am Tempel erfuhren, daß wir sagten: ‚Jesus, den man wenige Wochen vorher umgebracht hatte, lebt!' Das ärgerte viele, und sie behandelten uns wie Verbrecher oder Aufrührer.

Manche von uns verloren ihre Arbeit. Aber die Christen sorgten füreinander. Manche wurden von ihren Hausbesitzern auf die Straße gesetzt. Da nahmen andere sie in ihre engen Wohnungen auf. Und schließlich wurden Petrus und Johannes verhaftet und vor Gericht gestellt. Aber man konnte den beiden nichts tun. Denn das darf man ja wohl noch sagen: ‚Ich glaube, daß die Toten nicht tot, sondern lebendig sind!'

Aber es wurde immer schwieriger für uns. Viele von uns Christen sagten: ‚Warum sind wir eigentlich hier in Jerusalem? Wir können doch auch anderswo leben, wo wir nicht wie Feinde und Verbrecher behandelt werden.'

Einige haben Freunde in Damaskus, drüben in Syrien. Die sagten: ,Wir gehen nach Damaskus. Und wenn wir in der fremden Stadt so eng zusammenhalten wie hier, dann werden wir auch dort Arbeit finden und miteinander durchkommen.' Und sie wanderten mit all ihren Sachen, mit Wagen und Eseln, aus.

Die Apostel Petrus, Andreas, Johannes, Jakobus, Mattäus und alle anderen blieben in Jerusalem und sagten: ,Unser Platz ist hier. Hier müssen wir bleiben.' Aber mich haben sie gebeten, nach Damaskus zu gehen und für die neue Gemeinde dort zu sorgen und ihr zu helfen. ,Sie brauchen einen Hirten', sagten sie. ,Sie brauchen einen, der ihnen alles immer wieder erzählt, was sie über Gott und über Jesus wissen müssen.' Und so bin ich jetzt unterwegs nach Damaskus.

Wie ich dort zurechtkomme, weiß ich noch nicht. Die Stadt ist groß, und vielleicht verlieren sich die Christen dort unter den vielen Menschen. Und ich bin allein und weiß nicht, ob ich sie zusammenhalten kann. Ich brauche noch ein paar erfahrene Leute, die mir helfen. Ich brauche dich, Raffael! Komm mit mir. Laß dein Fischerboot liegen und komm mit. Die Leute brauchen dich. Jesus braucht dich."

Es war ganz still auf dem Dach, als Ananias das sagte. Raffael saß da und schaute auf den See hinaus, und David lag auf dem Rücken, hatte die Arme unter dem Kopf verschränkt und dachte: „Wenn er mich nur nicht hier allein läßt! Was soll ich tun ohne Raffael?"

Da sagte Raffael nach einer Weile: „Ich bin damals nicht zum Jünger berufen worden. Andreas war mein Kollege. Ihn hat Jesus gerufen. Johannes auch und Petrus und Jakobus. Mich nicht. Ich kann doch jetzt nicht nachträglich dazukommen und sagen: Ich gehöre auch zu den Jüngern und Freunden dieses Jesus!" „Warum nicht?" fragte Ananias.

„Als Johannes und Petrus neulich in Jerusalem in den Tempel gingen, da sahen sie an der Schönen Tür einen Bettler sitzen, der gelähmt war. Der saß da Tag um Tag und konnte sich überhaupt nicht vorstellen, daß er einmal anderswo leben oder daß er einmal stehen und gehen und die Treppen hinauf- und hinuntersteigen könnte. Petrus schaute ihm in die Augen und sagte: ,Gold und Silber habe ich nicht. Aber ich gebe dir etwas anderes. Ich sage dir etwas. Und das sage nicht ich, das sagt Jesus zu dir: Steh auf! Geh!' Und der Bettler stand auf und konnte gehen!

Ich sage das nun dir, Raffael. Wir wissen alle, daß du eigentlich längst zu uns gehörst. Steh auf und geh! Und ich sage dir: Wohin du immer gehst, du wirst immer und überall wissen, daß Jesus dir nahe ist. Und was du sagst, das sagt er durch dich. Glaub mir, das ist nun dein Weg.

Das haben wir an Pfingsten erlebt. Da fiel uns ein, daß Jesus gesagt hat: ‚Schaut über die Felder hin! Sie sind reif zur Ernte. Die Felder warten darauf, daß einer die Ernte einbringt.' So ist es mit den Menschen. Viele von ihnen möchten gerne glauben, aber wer hilft ihnen dazu? Viele sind krank. Wer hilft ihnen, gesund zu werden? Viele leben im Streit. Wer hilft ihnen zum Frieden? Viele sind traurig. Wer tröstet sie? Viele möchten wissen, was nach dem Tode ist. Aber wer sagt es ihnen? Viele möchten verstehen, wer Jesus ist. Aber wer erzählt ihnen von ihm? Viele möchten gern tun, was Gott will. Aber wer erklärt es ihnen? Viele sehnen sich nach dem Reich Gottes, aber wer zeigt ihnen den Weg? Wir müssen die Menschen aufsuchen, sie lieben und trösten und ihnen helfen. Und dazu brauchen wir jeden Kopf und jede Hand."

„Ja, das Reich Gottes", antwortete Raffael, „das wünsche ich mir auch. Das heißt doch, daß es keinen Krieg gibt zwischen den Völkern? Daß in der Welt Gerechtigkeit herrscht? Daß keiner reich ist und keiner arm, sondern alle zusammenhalten und einer für den anderen da ist? Das ist doch das Reich Gottes? Oder nicht?"

David lag noch immer auf dem Rükken und schaute in die Sterne. „Das wäre schön, das Reich Gottes!" dachte er. „Wenn die Menschen nicht streiten würden. Wenn sie alle wüßten, daß Gott sie liebt und sie ewig bei ihm leben dürfen. Wenn sie einander lieben könnten und gut zueinander sein. Jetzt und später, wenn sie gestorben sind und wieder mit Gott leben. Das wäre schön."

Und er dachte an den Abend, als er mit Raffael auf dem Rand des Bootes saß und Netze flickte und Raffael sagte: Wir brauchen einen König, der Frieden bringt. Einen, der die Welt anders macht. „Ja", dachte David, „ich glaube, Jesus ist dieser König. Ganz gewiß, ja. Er ist es."

David stand auf. Ihm fiel der Tag wieder ein, als er oben auf dem Berg Jesus zum erstenmal gesehen hatte. Mit Joram zusammen. „Wo ist eigentlich Joram?" dachte er. Und er stieg die Treppe hinab in den Hof. Richtig, da stand er angebunden. Und David nahm den großen Kopf Jorams in den Arm und fragte: „Weißt du noch, Joram? Damals hat Jesus gesagt: ‚Macht euch keine Sorgen!' Und es ist ja auch alles gut geworden, nicht wahr, Joram?" Und Joram rieb den Kopf an David auf und ab, als wollte er sagen: „Ja, es ist alles gut geworden."

Als David wieder aufs Dach kam, saßen Raffael und Ananias immer noch da und redeten.

„Du sagst, das Reich Gottes sei schon da, und es komme doch erst. Ist das Reich Gottes denn noch nicht fertig?" „Nein", antwortete Ananias.

„Jesus hat oft erklärt, wie das Reich Gottes klein anfängt, zwischen zwei oder drei Menschen, und dann wächst, bis es die ganze Welt umfaßt.

Er hat gesagt: ‚Stellt euch eine Frau vor, die Brot bäckt. Die schüttet Mehl in ihre Schüssel und gibt Wasser dazu. Dann knetet sie den Teig. Und zuletzt holt sie noch ein kleines Bällchen Sauerteig, das sie von ihrem letzten Backteig aufbewahrt hat, und mischt es unter den großen Teig in ihrer Wanne und knetet alles gut durcheinander. Dann nimmt sie ein Tuch, breitet es darüber und läßt den Teig stehen. Über Nacht durchdringt der Sauerteig ganz allmählich den ganzen Teig. Der geht auf und wird leicht und luftig. Am anderen Tag formt die Frau aus dem Teig Brote und schiebt sie in den Ofen. Wenn das Brot fertig gebacken ist, holt sie es heraus und hat für sich und ihre Familie etwas Gutes und Gesundes zu essen. Und alles nur, weil sie das kleine Bällchen Sauerteig dazugetan hat, das den ganzen Teig verändert und das Brot eßbar gemacht hat.

Das Reich Gottes ist kaum sichtbar. Aber es durchdringt allmählich die Menschen und die Dörfer und die Städte und das Land, und zuletzt wird die ganze Welt in Gottes Reich verwandelt werden.'

Und wenn wir zwei – oder wir drei – beisammen sind und vom Reich Gottes sprechen, dann ist Jesus bei uns, und das Reich Gottes fängt an.

Dann ist alles wahr, was die meisten Menschen nicht begreifen: was Jesus über den glücklichen Menschen gesagt hat.

Er hat gesagt: ‚Glücklich sind die Menschen, die ihre Hände aufhalten, so daß Gott sie füllen kann. Die leben im Reich Gottes.'

Er hat gesagt: ‚Glücklich sind die Traurigen, denn Gott wird sie trösten.

Glücklich sind die, die keine Gewalt anwenden. Ihnen wird die Erde gehören.

Glücklich sind die, die gerne möchten, daß es gerecht zugeht unter den Menschen, und die etwas dafür tun, daß es so wird.

Glücklich sind die, die sich um arme und verlassene Menschen kümmern. Gott liebt sie besonders.

Glücklich sind die, die Frieden schaffen zwischen den Menschen, denn sie tun, was Gott will, und gehören zu ihm und in sein Reich.

Alles andere Glück geht vorbei. Aber das Glück, das Gott gibt, das bleibt.'

Und ich glaube", sagte Ananias, „daß alles anders werden kann in der Welt, wenn uns nichts so wichtig ist wie das Reich Gottes und wir alle unsere Kräfte dafür einsetzen."

Danach war es lange still auf dem Dach. Raffael und Ananias saßen da und schauten auf den See hinaus, und David lag auf dem Rücken und ließ die Sterne über sich am Himmel vorbeiziehen.

Dann wandte sich Ananias wieder an Raffael: „Jesus hat uns gesagt: ‚Wer zu mir gehören will, den sollt ihr taufen.' Du weißt ja, daß damit alles angefangen hat. Jesus ging zu Johannes dem Täufer und sagte: ‚Taufe mich.' Wenn einer ins Wasser steigt, ganz unter das Wasser, dann bedeutet das: Ich möchte alles hingeben für das Reich Gottes. Und wenn er wieder herauskommt, dann bedeutet es: Ich habe ein ganz neues Leben angefangen. Mein Herr ist nun Jesus."

Raffael antwortete nicht, sondern stand auf und ging die Treppe hinunter in den Hof und dann ins Haus. Es dauerte mehr als eine Stunde, bis er wieder heraufkam. Er setzte sich wieder an seinen Platz, und nach einer Weile sagte er: „Ananias, meine Frau und ich wollen, daß du uns taufst." Ananias sah zu ihm hinüber und antwortete: „Ja, das will ich tun. Da unten ist der See. Wenn es hell wird, gehen wir hinunter, und ich taufe euch. Als am Ostermorgen in Jerusalem die Sonne aufging, begegnete Maria Magdalena als erste dem lebendigen Jesus am Grab. Der Morgen ist die Stunde der Auferstehung. Da will ich euch taufen."

„Aber jetzt mußt du noch ein paar Stunden schlafen", antwortete Raffael. „Du hast morgen einen weiten Weg." Und er stand auf, gab Ananias die Hand und ging hinunter in sein Haus. David war schon eingeschlafen.

Eine Taufe im See

Es war noch fast dunkel. Aber über den Bergen wurde der Himmel ein wenig rot. Da stieg Raffael die Treppe hinauf und wollte Ananias wecken. Aber der stand schon da und schaute in das feine, rote Licht.

„Komm, wir gehen", sagte Raffael. „David!" Er legte dem schlafenden Jungen die Hand auf die Schulter. „Willst du mitkommen?" David drehte sich ein wenig um – er brauchte immer ein bißchen länger, bis er aufwachte – und sagte dann schnell: „Ja, ich will mit."

Die drei stiegen die Treppe wieder hinunter, unten im Hof wartete schon Raffaels Frau – sie hieß Johanna –, und sie gingen miteinander auf die Straße hinaus, die den See entlang führt. David band Joram los, der da an der Ecke im Hof lag, und sagte: „Komm, Joram, du darfst mitgehen!" Und Joram stand langsam auf, so langsam, wie Esel eben aufstehen, streckte sich und machte ein bißchen iiiiiia, aber nicht zu laut, weil es noch so früh war und die Leute noch schliefen. Dann liefen David und Joram miteinander hinter den anderen her.

Als sie an eine Stelle kamen, wo eine flache Bucht war und man gut zum Ufer hinuntersteigen konnte, sagte Ananias: „Hier! Das ist ein guter Platz."

David wollte die ganze Zeit über etwas sagen, aber er traute sich nicht.

Er wollte immer sagen: „Ich möchte auch getauft werden." Erst als sie am Ufer ankamen, faßte er sich ein Herz und sagte zu Ananias: „Ich möchte, daß du mich auch taufst." Ananias sah ihn freundlich an und sagte: „Ja, das will ich tun", und nahm Davids Hand in die seine.

Als sie so dastanden, sagte Ananias: „Ich will euch eine Geschichte erzählen. Eine Geschichte, die von Jesus stammt:

Es war einmal ein Kaufmann, der hatte ein Geschäft, in dem er allerlei Schmuck verkaufte, Ketten, Armringe, Ohrringe, Anhänger. Wertvolles und weniger Wertvolles, wie es eben die Frauen und die Mädchen gerne tragen. Den fragte eines Tages sein König: ‚Hast du nicht eine ganz besonders schöne, große, echte Perle? Ich möchte sie der Königin schenken.' Da ging der Kaufmann auf eine Reise und suchte bei anderen Händlern nach Perlen. Und wirklich: Eines Tages fand er eine, die war schöner, größer und wertvoller als alle, die er bis dahin gesehen hatte. Aber sie kostete ein Vermögen. Er konnte sie nicht bezahlen. ‚Ich möchte diese Perle haben', sagte er zu dem Händler, ‚aber ich kann dir das Geld erst später geben.' ‚Dann ist es nichts damit', sagte der Händler. ‚Ich gebe dir die Perle, und du bezahlst, was sie kostet. Oder ich gebe sie einem anderen Kaufmann, der das Geld hat.' Da ging der Kaufmann traurig nach Hause. Das war die Perle, nach der er gesucht hatte! Das war die Perle, die der König seiner Königin schenken konnte! Aber als er nach Hause kam, wußte er plötzlich, was er tun würde. Er fand, daß die Perle wertvoller war als sein ganzes Haus und sein ganzer Garten. Er verkaufte alles, was er hatte, an einen reichen Nachbarn, gegen einen ganzen Beutel voll Goldstücke. Dann reiste er wieder zu dem Händler, legte das Geld auf den Tisch und sagte: ‚So, und nun möchte ich die Perle haben!' Er legte sie in eine kleine Kapsel, wo sie gut geschützt war, und trug sie nach Hause. Am anderen Tag ging er zum König und sagte ihm: ‚Ich habe hier die schönste Perle, die ich finden konnte.' Der König staunte über das wunderbare Stück und ließ seiner Königin einen Schmuck machen, den sie von da an um den Hals trug. Aber dem Kaufmann gab der König so viel Gold, daß er sich ein neues Haus kaufen konnte, viel schöner als das erste, und einen herrlichen Garten dazu.

Man muß", fügte Ananias hinzu, „wissen, was das Wertvollste ist, und muß sein Leben dafür einsetzen. Wer einmal begriffen hat, was das Reich Gottes wert ist, der läßt alles liegen und sucht nur noch das Reich."

Dann legte Ananias seinen Umhang ins Gras und stieg ins Wasser hinunter. Raffael und seine Frau taten dasselbe und zuletzt auch David. Es

war wunderbar still über dem See, und das Wasser war klar und warm.

Als sie so im Wasser standen, beugten sich die drei tief hinunter. Ananias nahm eine Handvoll Wasser und ließ sie Raffael über den Nacken und den Kopf laufen und sagte: „Ich taufe dich im Namen Gottes, der dich geschaffen hat. Ich taufe dich im Namen von Jesus Christus, der dein Herr ist. Ich taufe dich im Namen des heiligen Geistes, der dir ewiges Leben gibt." Dann wandte er sich Johanna zu und dann David und tat bei jedem dasselbe.

Am Ende sagte er: „Jesus hat gesagt: ‚Ich bin die Auferstehung und das Leben.' Er gebe euch das Leben hier auf der Erde und das Leben in seinem ewigen Reich."

Als sie alle wieder herauskamen, dachte Joram: „Jetzt müssen sie aber aufpassen, daß sie sich nicht erkälten. Die Menschen husten ja immer gleich." Aber da schien die Sonne so warm ans Ufer, daß die drei bald wieder trocken waren.

„Was hätte da mein Großvater gesagt?" dachte er. Aber es wollte ihm nichts einfallen. Eine Taufe hatte sein Großvater noch nicht erlebt. Aber Joram fand, daß es für einen Esel nicht so gut sei, wenn er ins Wasser geht. Ein Esel wälzt sich im Sand, wenn er sauber werden will. Und er schüttelte sich und machte brrr!, als käme er selbst aus dem Wasser. Dabei war er doch ganz trocken!

Der Abschied

Und sie gingen wieder zurück zum Dorf. Unterwegs sagte Johanna, Raffaels Frau, zu Ananias: „Wir wissen jetzt, was wir tun. Wir verkaufen unser Haus. Wir gehen mit dir nach Damaskus. Unsere Kinder sind groß. Sie haben andere Berufe und wohnen in anderen Dörfern. Unser Haus braucht keines."

Da schob sich David zwischen die Erwachsenen: „Das möchte ich auch! Darf ich mit?" Als keiner etwas antwortete, sagte er: „Es geht ja nicht. Meine Mutter braucht mich. Mein Bruder ist noch zu klein. Der kann meine Arbeit nicht übernehmen."

Raffael blieb stehen und schaute auf den See hinaus: „Dein Bruder ist jetzt so alt, wie du warst, als du vor drei Jahren zu mir kamst. Nimm ihn von jetzt an mit zum Fischen. Jetzt mußt du der Meister sein. Du kannst es."

„Aber ich habe doch gar kein Schiff, wenn du weggehst!" Da lachte Raffael ein wenig vor sich hin und sagte: „Weißt du was? Ich schenke dir mein Boot und das Segel und die Ruder und das Netz! Alles zusammen."

Da strahlte David über das ganze Gesicht: „Das Schiff und das Segel und die Ruder und das Netz! Und das gehört dann mir, ja?" Raffael nickte mit dem Kopf: „Ja, das gehört dann dir." „Aber wenn mein Bruder so groß ist, wie ich jetzt bin, und wenn er allein fischen kann, dann gebe ich ihm das Boot und komme zu euch nach Damaskus."

Als sie zu Raffaels Haus kamen, lud Ananias sein Gepäck auf seinen Esel, verabschiedete sich und wanderte neben dem Tier aus dem Dorf. Raffael, Johanna und David standen an der Straße und winkten ihm nach.

Nach ein paar Wochen gaben Raf-

fael und seine Frau ihr Haus einer Familie, die keine Wohnung hatte, für wenig Geld. Sie luden ihre Sachen auf einen Wagen, holten Joram und Suleika aus dem Stall und spannten sie davor.

David nahm Jorams Hals in den Arm und dann den von Suleika und verbiß die Tränen, die immer wieder kommen wollten. „Auf Wiedersehen, Suleika! Auf Wiedersehen, Joram!"

„Was ist mit Laila?" fragte David. Da sagte Raffaels Frau: „Laila ist schon so groß, sie kann allein hier bleiben, wenn du sie gut versorgen willst! Willst du?" „Ja", strahlte David, und als der Karren aus dem Dorf fuhr mit Raffael und seiner Frau, da stand David mit Laila und winkte noch lange. Und Laila bewegte ihre Ohren hin und her, als wollte sie auch winken.

An dem Morgen ging David hinunter an den Hafen und stieg in Raffaels Boot. „Das ist nun mein Boot", sagte er immer wieder. „Das ist nun mein Boot!" Er streichelte das Holz und die Ruder und das Segel und ließ das Netz durch die Hände gleiten. „Mein Boot! Nein, das stimmt nicht. Es ist nicht meines. Bald gehört es meinem Bruder, und ich gehe nach Damaskus." Er saß noch lange unten auf dem Rand seines Bootes, und niemand von den Leuten, die da vorbeigingen und ihn sitzen sahen, merkte, daß für David ein ganz neues Leben angefangen hatte.

Ein Brief aus Damaskus

Im Herbst, als der Regen kam und es trüb wurde über dem See, arbeitete David mit seinem Bruder zusammen an einem Morgen in seinem Schiff und holte die Fische aus dem Netz.

Da rief ihm einer zu: „Da ist ein Brief für dich!" „Für mich?" fragte David. Er hatte noch nie im Leben einen Brief bekommen. „Ein Brief für mich?"

„Ja, für dich, von Raffael!" Und der Mann hielt eine Papierrolle hoch und zeigte sie ihm.

David stieg aus dem Schiff: „Ein Brief von Raffael!" Dann sprang er wieder ins Boot, setzte sich unter das Segel und rollte den Brief auf.

Da sah er, daß auf dem Papierbogen ein großes Schiff gemalt war, das übers Meer fuhr und auf dem ein Mann stand und hinausschaute. Und er zeigte das Bild seinem Bruder, dann las er ihm vor, was da geschrieben war. Es ging zwar langsam, weil er mit dem Lesen noch ein bißchen Mühe hatte:

„Lieber David,
ich wünsche Dir, daß es Dir gut geht. Dir und Deinem Bruder, daß Ihr viel Erfolg habt beim Fischen und daß Ihr gesund seid. Soll ich Dir erzählen, was wir hier tun?

Wir wohnen hier in Damaskus in der Geraden Straße mit Ananias zu-

sammen. In den Häusern um uns her wohnen noch viele andere Christen. Wir kommen jeden Tag zusammen, und Ananias erzählt uns von Jesus. Wir teilen alles miteinander, was wir haben, und jeder arbeitet für alle anderen mit.

Manche von uns sind weitergezogen in andere Städte. Dort wohnen sie wieder zusammen und gründen eine Gemeinde und erzählen den Leuten von Jesus. Sie halten fest zusammen und lieben einander und helfen sich gegenseitig, sie besuchen die Kranken, und wenn jemand von den anderen Menschen in ihrer Straße traurig ist, weil jemand gestorben ist, dann erzählen sie ihm von der Auferstehung und vom Reich Gottes und trösten ihn.

Immer mehr Menschen hören nun von uns das, was Du damals mit mir zusammen von Jesus gehört hast: Macht euch keine Sorgen. Gott hat die Blumen gemacht und die Vögel, und er sorgt auch für euch Menschen.

Ich habe Dir ein Schiff gemalt. Das ist größer als unser Boot, in dem wir miteinander gefahren sind, und es fährt nicht auf unserem kleinen See, sondern auf dem großen Meer. Denn einige von uns fahren schon von unserem Land aus über das Meer in andere Länder und erzählen den Menschen dort, was sie von Gott wissen und was Jesus ihnen bedeutet. Ich bin sicher, eines Tages wird man überall, wo Menschen wohnen, von ihm hören, und Gottes Reich wird wachsen über die ganze Erde hin.

Ich freue mich auf den Tag, an dem Du kommst. Ich grüße Dich von Ananias und Johanna und von allen, die zu uns gehören hier in Damaskus. Auch von Suleika und Joram. Gott segne Dich.

Dein Raffael

Übrigens: Wie geht es Laila?“

David schaute noch einmal das Bild an mit dem Schiff,
das auf dem großen Meer fuhr.
Dann rollte er den Brief wieder zusammen,
ging nach Hause und legte ihn an einen sicheren Platz.
Immer dachte er an das große Schiff:
„Eines Tages werde ich groß sein
und werde von einer Stadt zur anderen gehen
und von einem Land zum anderen fahren
und den Menschen von Jesus erzählen.
Und Laila muß mich begleiten!"
Er ging wieder zum Hafen hinunter und stieg in sein Schiff.
Das kam ihm plötzlich winzig klein vor.
Er setzte sich auf die Bank und träumte von Raffaels Schiff
und vom großen Meer und war glücklich,
daß er nun wußte, wozu er auf der Welt war.

Nachwort

Diese Kinderbibel geht in mancher Hinsicht eigene Wege. Vielleicht sind einige Erläuterungen hilfreich.

1. Zunächst mag auffallen, daß sie nicht mit den Geschichten des Alten Testaments beginnt, sondern mit denen des Neuen, und daß das Alte Testament eingeschoben ist. Denn es ist Jesus, den wir unseren Kindern vor Augen und vor die Seele stellen wollen; alles andere ist Beiwerk, und das Alte Testament ist für uns nur in seiner Beziehung auf ihn von Bedeutung.

Stellen wir dem Kind das Alte Testament gesondert vor, dann entsteht leicht der Eindruck, der christliche Glaube bestehe aus moralischen Vorschriften, aus Lohn und Strafe für gutes und böses Verhalten, eine Bibel für Kinder habe also als Instrument moralischer Erziehung zu dienen. Es geht aber um das Evangelium, um Ermutigung also, um Befreiung, um Zuversicht und um das Bestehen des Lebens mit allen Schwierigkeiten, Nöten und Gefahren und vor allem um das klärende und helfende Gegenüber der Gestalt Jesu.

2. Die biblische Geschichte besteht nicht, wie es in einer kurzgefaßten Kinderausgabe leicht wirken kann, aus einer zusammenhanglosen Folge von Erzählungen. Ich habe darum eine Rahmengeschichte eingeführt. Sie handelt vom Fischer Raffael und seinem jungen Helfer David. Die beiden erleben zum Teil die Geschichte von Jesus selbst mit, zum Teil erzählen sie von ihr, zum Teil hören sie von ihr, teils erinnern sie sich an Geschichten aus dem Alten Testament. Am Ende, im Schlußkapitel, wäre die Apostelgeschichte zu erzählen. Aber sie würde den Rahmen dieses Buches sprengen. So habe ich die vielen Geschichten aus der Zeit nach Jesu Tod in einer Szene am Rande der Rahmengeschichte zusammmengefaßt. Denn so, wie es zwischen Ananias, Raffael, David und Johanna zuging, so ging es zu, wenn Menschen mit der ersten Gemeinde in Verbindung kamen oder neue Gemeinden entstanden.

Auch innerhalb des Neuen Testaments habe ich die Geschichten nicht einfach hintereinandergestellt. Wenn Jesus in einer bestimmten Situation etwas Bestimmtes tat und die Menschen von ihm eine Erklärung oder Deutung suchten für das, was sie gemeinsam erlebten, dann erzählte Jesus ein Gleichnis. Ich habe die Gleichnisse darum mit Situationen verbunden, in denen sie ihren Sinn zeigen können, ohne daß man sie noch eigens auszulegen brauchte.

Die Geschichten des Neuen Testaments werden ferner nicht einfach wie Protokolle berichtet, sie gehen vielmehr durch die Reflexion von Menschen, die sie erlebten, hindurch und nehmen die Form eines Bekenntnisses an. Das gilt insbesondere für die Wundererzählungen. Wunder und wunderbare Geschichten sind nicht Zauberei und sollten auch Kindern nicht als Hokuspokus erscheinen. Sie sind vielmehr Geschehnisse zwischen Gott und den Menschen an der Grenze des Erkennbaren. Sie gehen immer zunächst durch eine seelische Erfahrung hindurch und werden aus ihr erst laut. Sie werden also von denen, die sie erlebt haben, verschieden gedeutet, auch im Evangelium selbst. Dies gilt auch von der Weihnachts- und Ostergeschichte.

3. Vielleicht fällt auch auf, daß bestimmte Geschichten in dieser Bibel nicht enthalten sind, die sonst zum Grundbestand von Kinderbibeln gehören. Ich glaube, daß unter Eltern und Erziehern noch sorgfältig darüber nachgedacht werden müßte, welche Geschichten der Bibel sich als Kindergeschichten wirklich eignen. Denn es gibt eine ganze Reihe von Geschichten, deren Wirkung auf Kinder ganz anders ist, als wir meinen. Bei vielen wird das Kind an

einer anderen Stelle seines Empfindens angerührt, als der Erwachsene annimmt. Man erzählt zum Beispiel Kindern, wie Abraham im Gehorsam gegen Gott bereit ist, seinen Sohn Isaak zu schlachten. Man stellt ihnen den großartigen Glaubensgehorsam Abrahams vor die Seele. Aber kein Kind identifiziert sich mit Abraham, vielmehr wird es das Schicksal des Isaak als das seine erleben, und das Handeln des Vaters wird nicht bewundernswert sein, sondern grauenhaft. Ich kenne eine ganze Reihe von inzwischen alten Menschen, die die Verwundungen, die ihnen diese Geschichte in ihrer Kindheit beigebracht hat, ihr Leben lang nicht haben ausheilen können.

Wohlgemerkt: Diese Geschichte hat einen abgründigen, einen elementaren Sinn, aber sie ist keine Kindergeschichte, sowenig wie die Geschichte von der Vertreibung aus dem Paradies aufgrund des Sündenfalls. Es wird auch bei der Geschichte von der großen Flut immer wieder angenommen, es sei möglich, dem Kind das Vorbild des großen Noah nahezubringen. Aber das Kind identifiziert sich keineswegs mit Noah, sondern allermeist mit all den Tausenden von zugrundegehenden Menschen und mit den Tieren, die mit der Sünde der Menschen nun wirklich nichts zu schaffen haben. Sich Gott nach dieser Geschichte noch als gerecht vorzustellen, das wird nur weniger sensiblen Kindern möglich sein.

Es gibt meines Erachtens keine Ebene, auf der für ein Kind der Tod des Christus am Kreuz als erlösend, als hilfreich erscheinen könnte. Es ist schon fast unmöglich, einem Erwachsenen begreiflich zu machen, was sich im Mysterium des Todes Christi wirklich vollzog. Ich habe die Passionsgeschichte darum in ein indirektes Hörensagen verlegt. Sie kann allein von den Ostergeschichten her erträglich werden, wie ja überhaupt das ganze Evangelium sein Licht aus den Ostergeschichten hat und ohne sie seinen Sinn verlöre.

Wer aus bestimmten abgründigen Partien der biblischen Erzählungen Kindergeschichten machen will, muß sie auf irgendeine Weise ins Moralische verflachen. Er muß sie erst um ihren Sinn gebracht haben, ehe er sie erzählt.

4. Vielleicht hält jemand das Auftreten der Eselfamilie Joram, Suleika und Laila für eine Spielerei, die auch entbehrlich wäre. Ich meine aber, in den Köpfen der Esel könne sich das Gespräch zwischen dem Kind und der Geschichte abspielen.

Ich betreibe mit Freunden zusammen seit rund zehn Jahren in einer Vorstadt von Stuttgart eine Kinderfarm, in der wir neben vielen Pferden, Eseln, Ziegen und Schafen auch Hasen, Meerschweinchen, Gänse, Enten, Hunde und Katzen halten. Die Tiere bilden mit den Kindern zusammen eine intensive Lebensgemeinschaft. Wir treiben dort Reittherapie für körperlich und geistig behinderte Kinder und integrieren sie in die Spielgruppen der gesunden. Nach unseren Erfahrungen gibt es zwischen Kindern und Tieren, speziell etwa auch den Eseln, eine seelische Verbindung von einer Intensität, die wir uns kaum deutlich machen.

Denn ein Kind kann zu einem von ihm geliebten Tier eine nähere Beziehung haben als es – aus vielen Gründen – zu irgendeinem Menschen hat. Und so erleben wir, daß Entwicklungs- und Verhaltensstörungen bei Kindern oft leichter durch ein Tier und durch die vitale Verbindung mit der Lebenswelt eines Tieres reguliert werden können als durch irgendeine andere erzieherische Einwirkung.

Übrigens sind Tiere bei uns kein „Spielzeug". Sie sind eigene Wesen mit einem Schicksal, zu dem auch Geburt, Krankheit und Tod gehören. Und nur auf dieser Ebene ernsthafter Anteilnahme sind sie auch Spielkameraden. „Tiere sind auch Menschen", pflegen wir zu sagen. Denn sie enthalten auf einem solchen Spielfeld sozusagen Anteile von Kindern, hinausverlegt in ein Grautier oder einen Hasen. In den Gedanken von Joram und Suleika ist auch Raum, sich Gedanken zu machen, die nicht in der Bibel stehen. Und da die Esel ohnedies die wichtigsten Tiere in den Geschichten der Bibel sind, eignen sie sich gewiß als Gesprächspartner auch für die Kinder, die eine Kinderbibel lesen. „Suleika" heißt übrigens eines der Eselkinder, die auf unserer Farm geboren wurden, sie ist heute eine unserer schönen, feingliedrigen Eselinnen.

5. Vielleicht fällt Ihnen auf, daß auf den Bildern dieses Buches Jesus nur einmal als Kind und zweimal als entfernte Gestalt zu sehen ist. Ich glaube, daß ein gemalter Jesus der gestaltenden Phantasie eines Kindes auch im Weg stehen kann. Das Bild, das ein Mensch von Christus hat, soll ja von seiner Kindheit an mit ihm wachsen und am Ende nicht einen kindlichen Jesus zeigen, sondern einen erwachsenen, der der veränderten Sehweise eines Erwachsenen etwas von seinem Wesen vermittelt. Wie Jesus aussah, wissen wir ohnedies nicht, und die Geschichten sind stärker als alle noch so guten Illustrationen.

6. Diese Kinderbibel hat ihren Zwilling in dem Buch von Heidi und Jörg Zink: „Wie Sonne und Mond einander rufen. Gebete und Gespräche mit Kindern." Dort haben wir einige biblische Texte nacherzählt, die hier nicht wiederholt werden, zum Beispiel einige Psalmen, die Schöpfungsgeschichte in einer anderen Blickrichtung als hier oder die Geschichte von den beiden Jüngern auf dem Weg nach Emmaus. Das Buch enthält auch Lieder und Betrachtungen. Zum Beispiel kann man zu dem Abschnitt „Wie oft soll man neu anfangen?" die Überlegungen beiziehen, die dort auf Seite 98 zum Thema „Vergebung" angestellt werden, zur Geschichte von der Taufe Jesu (Abschnitt „Johannes der Täufer") die Betrachtungen zur „Taufe eines Kindes" auf Seite 106. Wenn Sie dem Kind den Sinn der Leidensgeschichte deutlicher erklären wollen, finden Sie in dem genannten Kindergebetbuch auf Seite 54–58 eine Überlegung dazu. Über den Sinn der Ostergeschichten stehen ein paar Gedanken auf den Seiten 64 und 65.

Wo die Geschichten dieses Buches in der Bibel zu finden sind:

„Der Mann mit den roten Blumen": Die Szene enthält Worte aus Mattäus 6, 25–34; Mattäus 8, 20; Mattäus 11, 28–30.

„Woher die Welt kommt": Die Schöpfungsgeschichte von 1. Mose 1–2, 4 und 1. Mose 2, 8–9 und 19–20.

„Die Nacht von Bethlehem": Die Weihnachtsgeschichte von Lukas 2, 1–20.

„Die Sterndeuter aus dem Morgenland": Mattäus 2.

„Als Jesus noch ein Junge war": Lukas 2, 40–52; dazu Worte aus Psalm 84 und Psalm 118, 24–26.

„Wo Jesus inzwischen gewesen ist": Lukas 2, 40–52; dazu Worte aus dem Tempelgebet des Salomo 1. Könige 8, 27–30.

„Johannes der Täufer": Lukas 3; Mattäus 3, 13–17.

„Im Haus des Mattäus": Mattäus 9, 9–12.

„Die Heimkehr des verlorenen Sohnes": Lukas 15, 11–32; Lukas 15, 1–7.

„Die beiden Brüder": 1. Mose 4.

„Eine glückliche Frau": Lukas 7, 36–50.

„Der Mann auf dem Baum": Lukas 19, 1–10.

„Wie sie alle satt wurden": Markus 6, 30–44.

„Abraham und seine Gäste": 1. Mose 11, 31–32; 12, 1–9; 13, 14–18; 15; 18.

„Fünf Männer auf dem Dach": Markus 2, 1–12.

„Die Tochter des Jairus": Lukas 8, 40–56.

„Eine wunderbare Hochzeit": Johannes 2, 1–11. In diese Erzählung wurden Worte aus dem Hohen Lied eingefügt, denen wir zum Teil Hinweise auf Hochzeitssitten entnehmen können: HL 3, 11; HL 4, 9–12 ff.; HL 2, 1–3; HL 8. Das Gleichnis von der Einladung zum Fest nehmen wir aus Lukas 14, 16 ff., das Wort vom „Fest im Reich Gottes" aus Lukas 14, 15, dazu Worte aus Offenbarung 21 und Psalm 126.

„Eliesers Brautreise": 1. Mose 24.

„Joseph und seine Träume": 1. Mose 37.

„Joseph in Ägypten": 1. Mose 39–41.

„Joseph und seine Brüder": 1. Mose 42–50.

„Was Mose erlebt hat": 2. Mose 1–4; 2. Mose 14.

„Wie Samuel Saul zum König machte": 1. Samuel 8–10.

„Ein kleiner Hirtenjunge": 1. Samuel 16.

„David wird König": 1. Samuel 17–19 und 24.

„Der Sturm auf dem See": Markus 4.

„Ein junger Mann und ein paar Kinder": Mattäus 19.

„Wie oft soll man neu anfangen?" Mattäus 18, 21–35.

„Die Reise nach Jerusalem": Lukas 9, 51–56; 18, 35–43.

„Der barmherzige Samariter": Lukas 10, 25–37; Mattäus 25, 31–40.

„Wie Jesus in Jerusalem einritt": Lukas 19, 29–38.

„Jesus im Tempel": Mattäus 21, 15–16; Markus 11, 15–19.

„Die Geschichte von dem Mann, der einen Engel nicht sehen konnte": 4. Mose 22.

„Das letzte Abendmahl": Lukas 22, 7–20. Dazu die Fußwaschung aus Johannes 13, 1–17. – Die Lieder und Verse, die während des Abendmahls gesprochen werden, gehören zur Ordnung der jüdischen Passafeier.

„Was Petrus nicht aushielt": Lukas 22–23.

„Der Mann am Ufer": Johannes 21. Dazu kommt die Erinnerung des Petrus an Mattäus 4, 18–22.

„Ostern in Jerusalem": Lukas 24; Johannes 20.

„Himmelfahrt und Pfingsten": Markus 16; Lukas 24; Apostelgeschichte 1 und 2. Dazu die Notiz aus Apostelgeschichte 4, 32–37.

„Das Reich Gottes": Die Auswanderung der Christen aus Jerusalem: Apostelgeschichte 5–9. Die Heilung des Gelähmten an der Schönen Tür: Apostelgeschichte 3, 1–11. Das Wort von der Ernte: Johannes 4, 35–38. Das Gleichnis vom Sauerteig: Mattäus 13, 33. Die Worte vom Glück (Seligpreisungen): Mattäus 5, 1–9. Dazu Worte aus Mattäus 18, 20.

„Eine Taufe im See": Im Schlußkapitel sind viele Geschichten aus dem Buch der Apostelgeschichte zusammengerafft, in denen es um Gespräche über den Glauben, um Taufen oder Gründung von Gemeinden geht. Was dort in vielen Kapiteln an verschiedenen Orten erzählt wird, ist hier verdichtet in die Szene mit der Taufe im See. Der Taufbefehl am Anfang steht Mattäus 28, 19–20. Das Gleichnis von der Perle steht Mattäus 13, 45.

„Ein Brief aus Damaskus": Die Rahmengeschichte entnimmt den Namen „Ananias" der Stelle Apostelgeschichte 9, 10–19, das Bild vom Schiff schließt an die Berichte der Kapitel 13, 16, 20 und 27 an.

Gebete für Kinder.

Gebete für Kinder zum Morgen, zu Tisch und am Abend, zu den christlichen Festen und zu den Jahreszeiten, Psalmenübertragungen in eine für Kinder verständliche Sprache und große Themen des Glaubens – das ist der Inhalt dieses Gebetbüchleins, das mit Bildern von Hans Deininger reich illustriert ist.

Heidi und Jörg Zink
Gebete für Kinder
Mit Bildern von Hans Deininger
80 Seiten mit 20 farbigen Bildern und über 15 Schwarzweiß-Illustrationen, gebunden

Beten in der christlichen Familie.

Ein Gebetbuch, ein Bilderbuch, ein Buch zum Vorlesen, zum Feiern und für das Gespräch in der Familie. Es enthält eine sorgfältige, zeitgemäße Auswahl von Gebeten und Liedern für Morgen und Abend, zu den Mahlzeiten, für die christlichen Feste sowie für besondere Anlässe wie Geburtstag, Ferien und schwere Tage.

Heidi und Jörg Zink
Wie Sonne und Mond einander rufen
Gespräche und Gebete mit Kindern
Mit Bildern von Hans Deininger
128 Seiten, gebunden

Biblische Geschichten für Kinder spannend nacherzählt.

Geschichten aus dem Neuen Testament und Gleichnisse und Reden Jesu erzählt Jörg Zink anschaulich und behutsam deutend für Kinder nach: Das Gleichnis vom verlorenen Sohn und vom barmherzigen Samariter, die Geschichte von der Hochzeit zu Kana, von der Auferweckung der Tochter des Jairus und viele andere.
Zink gelingt es, die Aktualität der Worte Jesu lebendig werden zu lassen und zugleich den Sinn der Geschichten zu erschließen.

Jörg Zink
Geschichten von Jesus
für Kinder erzählt
Mit Bildern von Hans Deininger
72 Seiten mit 10 Farbtafeln und 12 Vignetten, gebunden

Abenteuer Bibel.

Mitten aus seinem Alltagsleben in der großen Stadt Stockholm kann sich der kleine Johannes Larsson in die Welt des Alten und Neuen Testaments versetzen. Er ist immer mitten drin im Geschehen und läßt uns mit offenen Augen und wachem Verstand teilhaben an seinen Abenteuern von der Schöpfung der Welt bis zum Pfingstfest.

Lars Collmar
Die wunderbaren Abenteuer des kleinen Johannes Larsson in der Welt der Bibel
Illustrationen von Kikka Nyrén
188 Seiten, gebunden mit vierfarbigem Überzug

Ich habe gehört, wie die Sonne geredet hat, als sie unterging,
groß und rot.

Da hat sie gerufen: Mond! Komm! Es ist Zeit!

Und dann kam der Mond, silbern, zwischen den Wolken,
und sagte: Ich bin schon da!

Ich habe gehört, als der Mond am Himmel stand,
wie er leise gesagt hat: Sonne, du mußt bald kommen.
Es will bald wieder Tag werden. Und die Erde möchte dich sehen.
Denn es ist schön auf der Erde, wenn sie dein Licht hat.

Die Nacht war wie ein Haus, in dem die Sonne schlief.
Und als sie aufwachte, kam sie aus der Tür,
streckte sich und sagte: Guten Morgen!

Und dann kam sie, groß und hell, über die Dächer
und machte, daß man die Häuser und die Bäume wieder sehen konnte.

Sie fing an zu laufen und lief über den ganzen Himmel
und schaute in alle Häuser,
und als wir beim Mittagessen saßen, war sie ganz hoch oben.

Am Abend ging sie wieder in ihr Haus.
Und ehe sie die Vorhänge zuzog und den Laden herunterließ,
rief sie durchs Fenster: Mond! Komm, es ist Zeit.

Der Mond und die Sonne reden mit dir, Vater im Himmel, wie wir es auch tun.
Und es ist schön, daß du dich freust an dem, was wir dir sagen.

*

Auch wenn es Sie erstaunt: Das ist ein Psalm aus der Bibel,
wie Sie ihn Ihrem Kind erzählen können. Der neunzehnte.

Und der Morgen und der Abend und die Zeiten des Jahres
haben uns noch mehr zu erzählen an Geschichten und Liedern und Gebeten,
an denen beide sich freuen können, die Großen und die Kleinen.
Es gehört ein wenig Phantasie dazu.
Und Phantasie hat immer am meisten der, der liebt.